DON QUIJOTE, COMEDIA

JAMES WADHAM WHITCHURCH

Don Quijote, comedia

Traducción, introducción y notas
Emilio Martínez Mata y Clark Colahan

Prólogo
Mary Malcom Gaylord

GRUPO DE ESTUDIOS
CERVANTINOS

El *Quijote* y sus
interpretaciones

Luna de
Abajo

OVIEDO 2023

Universidad de Oviedo

GRUPO DE ESTUDIOS
CERVANTINOS

Colección El *Quijote* y sus
interpretaciones, n.º 15

DIRECTORES:
Emilio Martínez Mata
y María Fernández Ferreiro
http://grec.grupos.uniovi.es/

© DE LA INTRODUCCIÓN,
TRADUCCIÓN Y NOTAS:
Emilio Martínez Mata
y Clark Colahan

TÍTULO ORIGINAL:
Don Quixote, A Comedy

EDITA:
Luna de Abajo
https://www.lunadeabajo.com/
DISEÑO:
Pandiella y Ocio

1.ª EDICIÓN: agosto 2023

Edición digital pdf
Gratuito para lectura
online y descarga
—

Edición en papel
DEP. LEGAL: AS 02027-2024
ISBN: 978-84-86375-78-2

ÍNDICE

Prefacio de la empresa colaboradora

Mi vínculo con *El ingenioso hidalgo don Quijote de la Mancha* viene de lejos. Era pequeño cuando me regalaron una versión infantil y cuando leímos varios capítulos en el colegio, posteriormente. Su compañero en algunas andanzas, Sancho Panza, el supuesto yelmo de Mambrino y el episodio de los gigantes marcaron mi imaginación durante años, hasta que con más edad pude deleitarme con una versión ilustrada por Gustavo Doré y disfrutar con el placer de su lectura íntegra.

Cuatro siglos después de su primera edición, el *Quijote* sigue teniendo relevancia y sigue siendo de actualidad, pues en su texto se encuentran multitud de referencias útiles para entender muchas situaciones relacionadas con la vida cotidiana hoy en día. La universalidad de la obra de Cervantes tiene ahora una especial importancia dada la globalización de la economía y del conocimiento. Y, en particular, la globalización de las empresas que, con la contribución de los últimos avances científicos, en muchos casos, han conseguido que su actividad y sus proyectos puedan alcanzar un impacto tan universal como la propia novela cervantina.

Cuando desde E2IN2 tuve conocimiento de los trabajos que desarrolla el Grupo de Estudios Cervantinos de la Universidad de Oviedo, no dudé ni un momento en ponerme en contacto con las personas que lideraban la iniciativa para ofrecer nuestra colaboración con el fin de aumentar el alcance de su labor y la difusión del talento creativo e investigador en torno a la obra de Cervantes, haciéndola accesible de manera más global.

Es justamente esta dimensión global de E2IN2 y de su proyecto Civie el hecho que justifica el patrocinio de parte de la edición de los ejemplares de la colección «El *Quijote* y sus interpretaciones». Apoyar el talento creativo, académico y emprendedor está en nuestro ADN y es por ello por lo que E2IN2 desea contribuir a que el conocimiento del *Ingenioso hidalgo* y de su autor, así como las interpretaciones que se han hecho por parte de múltiples autoras y autores —y, por ende, esta colección—, pueda ser accesible a quienes deseen conocerla y profundizar desde países lejanos. Para llevar nuestra colaboración a la práctica haremos esfuerzos para hacerla llegar a diferentes bibliotecas e instituciones.

Con esta iniciativa de patrocinio, E2IN2 desea contribuir a la difusión del conocimiento sobre la mejor novela de todos los tiempos y a la excelente tarea que lleva a cabo el Grupo de Estudios Cervantinos de la Universidad de Oviedo, además de, por supuesto, a la difusión de nuestra lengua.

Espero que disfruten de esta colección tanto como he disfrutado cada vez que me he acercado a la lectura del *Quijote*.

VALENTÍN E. DE TORRES-SOLANOT DEL PINO

PRÓLOGO

Mary Malcolm Gaylord
(Universidad de Harvard)

Los lectores de este volumen van a disfrutar de una rara exquisitez. Con la presente edición de *Don Quijote, comedia*, se presenta ante los admiradores de la obra maestra de Cervantes y de sus celebradas imitaciones en las literaturas inglesa y americana una muestra recientemente redescubierta de esta línea literaria. El único manuscrito existente de esta obra de teatro en cinco actos de James Wadham Whitchurch, nunca antes impresa ni aparentemente representada, ha estado conservado desde 1986 en la Biblioteca Houghton, donde en 2011, por una feliz coincidencia, atrajo la mirada experta del investigador español Emilio Martínez Mata, de la Universidad de Oviedo, durante una estancia en la Universidad de Harvard.

El profesor Martínez Mata llegó a la Houghton atraído por su colección de primeras ediciones, reimpresiones de la época y ediciones pirata del sorprendente éxito de ventas español, cuyos dos volúmenes vieron la luz en 1605 y 1615 respectivamente, así como por sus ejemplares de traducciones y recreaciones tempranas de la novela en inglés, francés, italiano y otros idiomas. Los colegas y estudiantes de posgrado con quienes compartió sus hallazgos en dos seminarios especiales probablemente recordarán no solo el exhaustivo detalle y la impecable precisión de su relato de los primeros siglos de las salidas y peripecias del *Quijote* en letra impresa, sino también la emoción de nuestro invitado al ver por primera vez, dispuestos sobre la mesa del seminario, más de una docena de volúmenes de incalculable valor. Tan impresionado estaba por la posibilidad de simultanear el escrutinio y la comparación física de textos

tan inextricablemente entrelazados, que dedicó un buen rato
a recordar a su público que quienes disfrutábamos del acceso
a estas obras regularmente como preciosa herramienta para
nuestras vidas académicas no deberíamos dar por descontado
tal privilegio, que nunca había encontrado en ninguna de las
colecciones europeas que llevaba años estudiando.

Para Martínez Mata, solo el notable alcance, profundidad
y accesibilidad de estas obras ya habría hecho valer la pena el
precioso tiempo sabático pasado en Harvard. Pero aún habría
más. El Grupo de Estudios Cervantinos (GREC), que él fundó
y dirige desde 2002 en su universidad de origen, había deci-
dido centrar sus esfuerzos en la historia de las adaptaciones
dramáticas de la novela cervantina. Con este objetivo en mente
procedía a inventariar las copias de varios textos ingleses ya
bien estudiados, con la inestimable ayuda de la bibliotecaria
investigadora Susan Halpert, cuando descubrió la prácticamente desconocida y aún inédita obra de Whitchurch en su única
copia manuscrita, que llevaba más de tres décadas formando
parte de la colección de la Biblioteca Houghton merced a la
generosidad de Gwynne Blakemore Evans (1912-2005), profesor
de la cátedra Cabot de Literatura Inglesa desde 1975 hasta su
retiro en 1982. A iniciativa de Martínez Mata —y financiadas
por él—, el Digital Imaging Group de la Biblioteca de Harvard
procedió a crear imágenes digitales a color de todo el manuscrito, disponibles en internet.

Mientras tanto, se puso en marcha el proyecto de hacer aún
más accesible la obra manuscrita de Whitchurch. Martínez
Mata requirió la ayuda del veterano traductor de Cervantes,
Clark A. Colahan, autor junto con Celia Richmond Weller de
una traducción inglesa de la novela bizantina de Cervantes
Los trabajos de Persiles y Segismunda aclamada por la crítica.
Su proyecto, que ofrece una transcripción impresa completa,
notas explicativas y un ensayo introductorio, culmina en la
presente edición. Los editores han conservado la ortografía
del siglo XVIII (con todas sus variaciones), eliminando de este

modo las dificultades planteadas por la mano autora del manuscrito, de finales del XVIII (muy elegante, sin embargo), pero han optado por suprimir la escritura con mayúscula de los nombres comunes, habitual en la época, deshacerse de las comas superfluas y hacer comprensibles las frases mal construidas. El resultado es una versión de fácil lectura que no solo facilita el estudio posterior, sino que invita a su recuperación para la escena del siglo XXI, quizás del modo que James Wadham Whitchurch podía haber deseado promover entre los primeros lectores de la obra, sus feligreses en Nunney.

Emilio Martínez Mata, catedrático de Literatura Española en la Universidad de Oviedo, no es un desconocido en las universidades americanas, ya que ha impartido clases en la Universidad de Massachusetts-Amherst y en el Whitman College. Disfruta de un amplio reconocimiento por sus trabajos sobre la historia de la recepción del *Quijote* en los siglos XVII y XVIII en Inglaterra, Francia y España. En *Cervantes comenta el «Quijote»* (traducido por Colahan como *Cervantes on Don Quixote*), traza una clara línea entre el propio texto de Cervantes y la enmarañada historia de sus subsecuentes interpretaciones. Distinguido estudioso de la literatura española del siglo XVIII, Martínez Mata recurre además a su conocimiento de la Ilustración europea en su introducción a la presente edición, en la que aclara los aspectos culturales que condicionaron los ajustes efectuados en la comedia a la trama cervantina y las razones filosóficas para la elección del vocabulario por parte del joven vicario, matices de otro modo probablemente imperceptibles para los lectores modernos. En su análisis de esta adaptación dieciochesca de la historia de Cardenio, permite que el don Quijote de Whitchurch y su Cardenio aparezcan claramente como criaturas del pensamiento ilustrado, cuyas voces buscan unirse al animado diálogo sobre la naturaleza del hombre y los beneficios de la comunidad que se lleva a cabo en las novelas, tratados y obras de teatro de la época.

Clark A. Colahan, titular emérito de la Cátedra Anderson de Humanidades en el Whitman College, coautor de la introducción, ha proporcionado, además, generosas anotaciones del texto, aclarando las referencias oscuras y el colorido lenguaje de la época, particularmente en las intervenciones de Sancho Panza, que hacen de la obra de Whitchurch un banquete lingüístico para el lector. Medievalista, estudioso cervantino y especialista en literatura comparada de amplio espectro, cuyos escritos a menudo establecen vínculos entre la literatura antigua y la cultura contemporánea, Colahan es autor de estudios críticos que se relacionan con la presente edición sobre las obras de Cervantes y su recepción en Europa, incluyendo uno que examina las lecturas protofeministas del libro póstumo del autor español en la Francia del siglo XVIII.

Con su edición, Martínez Mata y Colahan no solo colocan *Don Quijote, comedia* en el lugar que le corresponde dentro de la historia de la recepción de la novela de Cervantes, sino que abren la puerta a exploraciones adicionales. Quedan sin respuesta, tal vez para siempre, algunas preguntas de interés: ¿sabía español James Wadham Whitchurch? ¿Alguna vez viajó a España o a algún otro país europeo? En su *Essay upon Education*, el vicario de Nunney afirma que el tutor ideal «debería haber estudiado la Humanidad y haberse familiarizado con sus flaquezas, de modo que sea capaz de señalarlas a su pupilo e instruirle sobre cómo evitar esas rocas en las que otros han naufragado» (p. 126).

Para obtener tal conocimiento, delinea un currículum para chicos de doce a dieciocho años en el que hace hincapié en el aprendizaje de lenguas (griego, latín, francés e italiano) y un programa de lecturas orientado principalmente a los clásicos antiguos. Coronando este programa de estudios, como punto culminante de esta educación, está el «tour por Europa», a cuyas ventajas y desventajas dedica el autor la tercera y última parte de su tratado (pp. 191-220). En vano buscaremos en su manual alguna mención del idioma español o de su más conocida obra literaria. Es posible que el vicario no haya juzgado la burlesca novela cervantina como apropiada para estudiantes jóvenes, pero no podemos evitar preguntarnos si no podría haber considerado su contenido con el mismo ánimo con que recomienda el viaje por el mundo real, por medio del cual «mediante el conocimiento íntimo de una diversidad de caracteres, sus sentimientos se amplían y los prejuicios contraídos en su país natal se diluyen eficazmente» (p. 208).

A juzgar por el texto de su comedia, tal viaje sustituto desempeñó un papel prominente en la breve vida del propio Whitchurch. Y aquí llegamos a una clara paradoja. Mientras que el pedagogo excluye a *Don Quijote* y su progenie literaria de su programa académico, Whitchurch evidentemente pasó muchas horas estudiando el texto cervantino. En su introducción, Martínez Mata y Colahan plantean, aunque la dejan abierta, la cuestión de su deuda con los traductores de la época. Para esta lectora, así como seguramente para muchos otros académicos y estudiosos obsesivos del *Quijote*, la obra rebosa ecos. De hecho, tan cerca se mantiene el dramaturgo del original, especialmente en los largos relatos de sus historias por parte de los personajes, que parecen oírse los diálogos de la novela, como si pudieran escucharse de fondo bajo una traducción simultánea. La curiosidad me ha llevado a las traducciones de Motteux, Smollet y sobre todo Jarvis, en las que encuentro abundantes pruebas de una familiaridad detallada e incluso dependencia, cuando no un calco palabra por palabra. Esa cuestión rebasa el alcance de este proyecto y queda por el momento sin explorar. Mientras tanto, resulta cautivadora para profesores, académicos y estudiantes actuales la imagen de un lector de veintitantos años, en el Somersetshire de la década de 1770, dedicado al estudio de múltiples versiones de la obra que convertiría su admiración juvenil en un acto de imitación creativa, buscando no tanto material filológico como respuestas a las preguntas acuciantes de la vida.

Una introducción a esta edición no estaría completa sin el agradecido reconocimiento del extraordinario regalo hecho por Gwynne Blakemore Evans a la Biblioteca Houghton y a los estudios literarios, ya que este manuscrito único no pudo llegar a Harvard en un momento más afortunado. Evans dio clases aquí durante los últimos años de su carrera académica. Llegó a Harvard como un eminente estudioso de Shakespeare, editor no solo de la serie *Riverside Shakespeare* y de ediciones de algunas de esas obras para Penguin y Oxford, sino también de varios autores ingleses de poesía y teatro menos conocidos, de los siglos XVII y XVIII. Varias de estas ediciones facsímiles, de hecho, fueron publicadas en el mismo *Houghton Library Bulletin* en que apareció la edición de *Don Quixote, a Comedy* de Martínez Mata y Colahan. Conocido por su gran amabilidad para con sus colegas y los estudiantes de posgrado que trabajaron con él en las revisiones de su *Riverside Shakespeare*, como recuerda Marjorie Garber, Evans se mostró no menos generoso hacia la propia Biblioteca y las generaciones futuras de estudiosos que se beneficiarán de sus numerosas donaciones. Entre estas, los volúmenes más pertinentes al presente proyecto contienen obras recomendadas por el reverendo Whitchurch: la *Ilíada* de Homero, traducida por «Mr. Pope» (1720) y una traducción de la *Eneida* de Virgilio a verso escocés de 1710. Otros incluyen textos originales para la historia del primer teatro moderno escocés e irlandés, manifestando el interés de especialista en los pormenores de las culturas poética y dramática que motiva la edición de *Don Quijote, comedia* de Martínez Mata y Colahan.

Podemos rastrear el origen de la carrera académica de Evans al menos desde sus días como estudiante de posgrado en Harvard, donde defendió en 1940 una tesis doctoral en tres volúmenes sobre *Vida y obras de William Cartwright (1611-1643)*. Poco después de su graduación, sirvió durante un tiempo en Inglaterra con la Unidad de Inteligencia del Cuerpo de Señales del Ejército, y fue probablemente allí, en plena Segunda Guerra

Mundial, quizás en el mismo Oxford, donde encontró el manuscrito de Whitchurch, que lleva su firma con la fecha de 1944.
Es posible que los papeles de Evans, ahora en los archivos de
la Universidad de Harvard, puedan arrojar más luz sobre el
contexto de esta afortunada adquisición y su posible repercu-
sión en su propio estudio y docencia sobre Shakespeare. Por
el momento, es suficiente reconocer con gratitud el hecho de
que la residencia permanente del manuscrito en la Biblioteca
Houghton posibilitará muchos más capítulos en el romance
de la comunidad académica con la lectura.

INTRODUCCIÓN

Una adaptación de la historia de Cardenio

En la Biblioteca Houghton de la Universidad de Harvard se conserva un manuscrito (MS Eng 1367) que contiene una adaptación teatral desconocida del *Quijote* de mediados del siglo XVIII. Su título es *Don Quixote, A Comedy,* escrita por James Wadham Whitchurch, y no nos consta que esta obra haya sido nunca representada ni publicada. El manuscrito, encuadernado después de 1795, fue donado por Gwynne Blakemore Evans y forma parte de la colección de la Biblioteca Houghton desde 2005. La obra en cinco actos de Whitchurch adapta para la escena una popular serie de episodios tomados de la obra de Cervantes. El centro de la acción es la historia de Cardenio, no la de los dos protagonistas cervantinos, don Quijote y Sancho Panza, cuyo papel aquí consiste principalmente en establecer el contexto narrativo y proporcionar una clara referencia a la famosa novela.

Poco se sabe sobre la breve vida de Whitchurch (1749 o 1750–1776). Se graduó en Humanidades, con el título de «Master of Arts», en el Christ Church College de la Universidad de Oxford el 11 de julio de 1774 (*The catalogue of graduats, 1770-1782,* Oxford University). Estuvo a cargo, como vicario, de una iglesia de Nunney, un pueblo del condado de Somerset. Publicó un único libro, un tratado sobre pedagogía titulado *Essay upon Education* (1772). La lápida de su tumba informa de que era el «querido vicario de Nunney, 5 de enero de 1776… [hijo] del Reverendo Samuel Whitchurch, rector, y Elizabeth, su esposa» (*Somerset Standard Village Histories,* 1887). No se debe confundir al padre con el poeta del mismo nombre que luchó en Norteamérica contra la Revolución Americana, conocido por unos tomos de poesía publicados entre 1784 y 1816. Whitchurch es el nombre de una población de Hampshire, Inglaterra, y una familia de ese nombre parece remontarse a la época sajona.

Según la costumbre inglesa respecto al segundo nombre de pila, no resulta improbable que Wadham fuera su apellido materno. Es también un apellido antiguo y aristocrático, y hay un Wadham College en Oxford. A juzgar por la historia del *college*, el autor descendía de una larga línea de mujeres fuertes que habrían visto con muy buenos ojos a las cervantinas Luscinda y Dorotea.[1]

En *Don Quijote, comedia* encontramos, a pesar del título y de forma similar a otras adaptaciones de Cervantes de los siglos XVI y XVII (como las de Guillén de Castro o D'Urfey), un predominio de la historia de Cardenio a costa de la de don Quijote. Las razones para esto pueden hallarse en parte en el uso del nombre de don Quijote casi como una táctica comercial, relacionando la obra con una novela bien conocida, y, en parte, como consecuencia de una concepción del *Quijote* que, a diferencia de la mayoría de las interpretaciones contemporáneas, era muy consciente de la importancia de los episodios intercalados en la obra de Cervantes y de su valor literario. Como comentaremos más adelante, Cardenio

---

[1] El *college* refiere su propio origen en su web de la manera siguiente: «Wadham College fue fundado por Nicholas y Dorothy Wadham durante el reinado de Jaime I. Nicholas Wadham, miembro de una antigua familia de Somerset, murió en 1609 donando su fortuna para establecer un *college* en Oxford. La ardua labor de convertir las intenciones en realidades recayó en su viuda, Dorothy, una dama formidable de 75 años. Luchó contra todas las demandas de los parientes de Nicholas, ejerció presiones en la corte, negoció la compra de un lugar y formuló los estatutos del *college*. Nombró al primer rector, tutores y estudiantes, así como al cocinero, con tanta eficacia que la institución estaba lista para su inauguración a los cuatro años de la muerte de Nicholas. Aumentó de forma considerable la donación con cargo a sus propios recursos, y mantuvo un estrecho control de su funcionamiento hasta su muerte en 1618, si bien nunca salió de su casa en Devon para visitar Oxford y ver los resultados de su generosidad y agudeza financiera. Se honra a Nicholas y Dorothy Wadham como los cofundadores del *college*».

era visto en la época como la quintaesencia de las principales cualidades del protagonista.

Las recreaciones teatrales de la historia de Cardenio

La historia cervantina de Cardenio, Luscinda, don Fernando y Dorotea ha suscitado un excepcional interés en el teatro. Por un lado, la historia pone en juego, además de una trama amorosa, formas del comportamiento humano tan fundamentales como la cobardía y la indecisión (patentes en Cardenio), la lealtad al ser amado y el cumplimiento de las promesas hechas (Luscinda), el abuso de una posición de poder obedeciendo solamente a los propios deseos (don Fernando) y el autocontrol bajo las circunstancias más adversas, junto con el uso de la inteligencia y la verdad para derrotar enemigos mucho más poderosos (Dorotea). Por otro lado, la historia es el único nexo existente entre los dos genios más destacados de la literatura occidental, Shakespeare y Cervantes, quienes vivieron prácticamente en los mismos años, aunque sin ningún contacto literario conocido excepto la obra de Shakespeare *Cardenio*.

Un relevante ejemplo del interés suscitado por la historia de Cardenio, incluso hoy en día, es «The Cardenio Project», liderado por Stephen Greenblatt, uno de los más conocidos estudiosos de la obra de Shakespeare. Inspirados por la obra perdida de Shakespeare, Stephen Greenblatt y el dramaturgo Charles Mee escribieron conjuntamente en 2003 un *Cardenio* —en realidad, una recreación de la historia de *El curioso impertinente*— que fue estrenado por el American Repertory Theatre en Cambridge, Massachusetts, en 2008. Una lectura dramatizada de esta misma obra fue llevada a cabo por el Shakespeare Project de Chicago en la Biblioteca Newberry en abril de 2016. Con el apoyo de la Fundación Mellon, el Cardenio Project ha estimulado la producción de adaptaciones libres del texto de Greenblatt y Mee que se han estrenado en Brasil, Croacia, Egipto, India, Japón, Polonia, Serbia, Sudáfrica, España y Turquía.

En Inglaterra, Greg Doran ha escrito una adaptación estrenada en 2011 en el Swan Theatre de Stratford-upon-Avon, programada como «La Re-Imaginada *Obra Perdida* de Shakespeare». Conserva el título de Shakespeare y Fletcher, pero, como escribe el crítico Michael Billington en *The Guardian* el 27 de abril de 2011:

> Lo que ha hecho Doran, con ayuda del dramaturgo español Antonio Álamo, es injertar la versión de Thomas Shelton de la obra cervantina en el texto de Theobald. El resultado, lejos de ser un popurrí loco de trozos inconexos, tiene una sorprendente coherencia y termina siendo una emotiva obra dramática.

Billington señala que la doble reconciliación y el consiguiente doble matrimonio del final encajan perfectamente con las últimas obras de Shakespeare, y añade que la obra «prueba que Cervantes tuvo un profundo efecto en la vida cultural inglesa».

Lo más sobresaliente en la historia de Cardenio son sus elementos teatrales, junto con una intriga amorosa que se desarrolla de preferencia en una única ubicación, la venta y sus alrededores, como un equivalente a un escenario teatral. También contribuye a esta impresión el hecho de que en su mayor parte se desarrolle en escenas que tienen lugar ante los ojos del lector formando una serie que termina en el final feliz. Además, se llega a esta resolución mediante una revelación hecha en una venta que, según se asume, está en un cruce de caminos, un lugar, por tanto, en el que confluyen no solo distintas rutas, sino también diferentes trayectorias vitales. Sin duda, esta sensación de marco teatral tiene mucho que ver con el hecho de que se produjeran tantas adaptaciones para la escena desde muy pronto, primero en España, por parte de Guillén de Castro (*Don Quijote de la Mancha*, escrita en 1605 o 1606 aunque publicada en 1618), después en Inglaterra con Shakespeare y Fletcher (*Cardenno*, 1613) y en Francia con

Pichou (*Les folies de Cardenio*, 1628) y Guérin de Bouscal (*Don Quijote de la Manche*, 1638).[2]

La historia de Cardenio muestra el amor de este personaje por Luscinda, un vínculo que ha ido creciendo desde la infancia, aunque parece destinado a un final trágico debido al comportamiento irresponsable y dañino de don Fernando, segundo hijo de un grande de España, quien se guía únicamente por su posición de poder y su propio deseo. Este apetito lujurioso le ha llevado primero a la alcoba de Dorotea y luego a una boda semisecreta con Luscinda, traicionando su amistad con Cardenio. Aun así, a diferencia de las adaptaciones posteriores, la historia cervantina no se centra en el triunfo del amor, como suele ocurrir en el teatro, sino en el de la verdad y la virtud, que derrotan las pasiones mediante el autocontrol y el comportamiento racional. La historia representa, en definitiva, una victoria sobre las debilidades humanas, como el deseo lujurioso, la ira y la soberbia.

La crítica cervantina del siglo xx ha prestado especial atención al propio Cardenio más que a la historia de la que forma parte, básicamente por su locura ocasional, de algún modo una versión especular del propio don Quijote, que no ha pasado desapercibida a los estudiosos. Tal enfoque delata una visión del personaje secundario moldeada por la importancia de don Quijote, aunque los otros personajes vinculados a Cardenio ya habían seducido por sus propios méritos a los lectores y a un número sustancial de escritores. De hecho, hasta que los románticos generaron su nueva interpretación del *Quijote*, centrando el interés en los dos protagonistas, la historia de Cardenio fue el punto de partida para un gran número de adaptaciones teatrales en España, Inglaterra y Francia.

En el texto de Cervantes, la historia de Cardenio presenta una serie de aspectos genuinos. Particularmente, sus

---

[2] Para una información detallada sobre algunos de esos Cardenios, puede verse Chartier (2012); sobre las más relevantes recreaciones teatrales de la historia en el xvii y xviii desde la perspectiva de las diversas interpretaciones del *Quijote*, puede verse Martínez Mata (2021).

personajes femeninos brillan por sí mismos (Martínez Mata: 2015). Luscinda es incapaz de controlar su destino porque ello le obligaría a desobedecer a sus padres. Estos le imponen una boda con don Fernando, lo que la deja en una vía sin salida posible, ya que moralmente no puede desobedecer a los padres pero no está dispuesta a traicionar a Cardenio. En consecuencia, no ve más solución que sacrificar su propia vida, por lo que lleva escondido un cuchillo para darse muerte durante la ceremonia nupcial. Solo su desmayo lo impide.

El caso de Dorotea es claramente distinto. Mientras que los otros personajes se guían por las circunstancias o por su debilidad personal —don Fernando por su orgullo y sus instintos, Cardenio por la cobardía y la indecisión, Luscinda por la obediencia a sus padres—, Dorotea es capaz de hacer frente a sus propias circunstancias personales, sin importar lo desesperadas que parezcan. Ella es el personaje que actúa de una forma más racional, tomando decisiones atrevidas y mostrando voluntad de gobernar su propio destino.

En los encuentros de los otros personajes con Cardenio, y después con Dorotea, hay un evidente hilo común entre los dos, en cuanto que narradores de su historia, pero también una diferencia notoria. Cardenio no solo sufre ataques de locura desatados por la amargura de su indecisión, sino que es también incapaz de afrontar sus sufrimientos intentando remediarlos (enfrentándose a don Fernando). Dorotea, en contraste, muestra una inteligencia y una claridad mental excepcionales, que le permiten actuar resueltamente para terminar con su desgracia. Durante sus episodios de locura, Cardenio se vuelve violento, mientras que Dorotea usa únicamente la verdad y la razón. La violencia, representada por la espada que Cardenio fue incapaz de utilizar contra don Fernando durante la ceremonia nupcial, pertenece fundamentalmente al mundo de la caballería, al mundo feudal, en el que el valor o la fuerza son los responsables de restaurar el honor o de castigar a un traidor. Un alegato bien argumentado a favor de que las promesas deben cumplirse, como el que hace Dorotea en la venta, pertenece al mundo moderno, regido por las leyes de la comunidad y por las normas sociales que permiten la convivencia (Martínez Mata: 2015).

Vemos, por lo tanto, que los personajes masculinos ocupan un nivel moral inferior al de las mujeres, y que se comportan con la debilidad tradicionalmente atribuida a las mujeres (Martínez Mata: 2015), la de dejarse atrapar por las pasiones (don Fernando) o por la cobardía y la indecisión (Cardenio). En el caso de las mujeres, Dorotea afronta la adversidad de un modo racional y Luscinda, a pesar de ser incapaz de desobedecer a sus padres, permanece fiel a la promesa que ha hecho a Cardenio.

El *Cardenio* de Shakespeare y Fletcher

Tenemos noticia de dos pagos a la compañía de Shakespeare, The King's Men —lo que no implica necesariamente su participación como autor—, el 20 de mayo y el 9 de julio de 1613, por la representación en la corte de seis obras, una de ellas con el título de *Cardenno* (Hammond 2010: 9-10). La inequívoca referencia al personaje del *Quijote* indicaría que la obra estaría basada en la historia cervantina, tan solo un año después de la publicación de la primera traducción de la primera parte del *Quijote*, la de Thomas Shelton (1612). En 1653 un editor, Humphrey Moseley, inscribe en el Stationer's Register un manuscrito para publicar con el título «*History of Cardenio* by Mr. Fletcher and Shakespeare».[3] El manuscrito no llegaría a editarse y acabaría perdiéndose, pero la inscripción nos informa de que habría sido una obra conjunta de los dos autores.[4]

---

[3] El *Stationer's Register* es el libro de registro mantenido por la Stationers' Company of London, la compañía que se ocupaba de los derechos editoriales por licencia real desde 1557.

[4] Pujante (2005) resume con claridad la historia del perdido *Cardenio/Cardenna*. Recientemente, Chartier (2012) ha dedicado un libro a las más relevantes recreaciones de la historia de Cardenio.

Si bien el *Cardenio* sería la única relación de Shakespeare con la obra de Cervantes, en cambio, Fletcher había compuesto, antes del *Cardenio*, una recreación de *El curioso impertinente*, *The Coxcomb* (1608-1610), en colaboración con Beaumont (en fecha anterior a la traducción del *Quijote* al inglés de Shelton).[5] Y acabaría escribiendo, junto con Beaumont, obras basadas en las *Novelas ejemplares* de Cervantes y en el *Persiles*, incluso antes de ser traducidas estas obras al inglés.[6]

El texto del *Cardenio* atribuido a Shakespeare y Fletcher no ha sobrevivido más que en la versión de Lewis Theobald *Double Falsehood, or the Distrest Lovers*, representada en el Drury Lane Theatre de Londres en 1727 y publicada en Londres y Dublín.[7]

Lewis Theobald fue, junto con Nicholas Rowe, Alexander Pope y William Warburton, uno de los más importantes editores de Shakespeare durante la primera mitad del siglo XVIII, sin duda, el más fiable. En la licencia de *Double Falsehood* se indica que Theobald había declarado en su solicitud haber comprado a un alto precio una copia manuscrita de una

---

[5] *The Coxcomb* puede verse en la traducción española de Francisco Borge publicada por el GREC (2023).

[6] De las *Novelas ejemplares* procederían *The Chances* (1617), basada en *La señora Cornelia*; *The Fair Maid of the Inn* (representada en 1626), en *La ilustre fregona*; *Love's Pilgrimage* (1615), en colaboración con Beaumont, en *Las dos doncellas*; y *Rule a Wife and Have a Wife* (1624), en *El casamiento engañoso*. Habría que añadir *The Custome of the Country* (1620), en colaboración con Philip Massinger, fuertemente influida por el *Persiles*, a lo que se suma la influencia ocasional del *Quijote* en dos obras más de Fletcher: *The Prophetess* (1622), en colaboración con Massinger, y *The Pilgrim* (1621). Sobre Fletcher, puede verse Ardila (2008) y Borge (2023).

[7] *Double Falsehood, or the Distrest Lovers. A Play, As it is Acted at the Theatre-Royal in Drury Lane. Written Originally by W. Shakespeare; And now Revised and Adapted for the Stage By Mr. Theobald, the Author of Shakespeare Restor'd* (*Doble falsedad, o los amantes en apuros. Una obra, tal como se representa en el Teatro Real de Drury Lane. Escrita originalmente por W. Shakespeare y ahora revisada y adaptada para la escena por Mr. Theobald, autor de «Shakespeare restaurado»*), J. Watts, Londres, 1728.

obra de Shaskespeare con el título de *Double Falshood, or The Distressed Lovers*.[8] En el prólogo del editor, Theobald afirma haber utilizado tres manuscritos para su versión. Dice que uno de ellos había sido regalado por Shakespeare a una hija natural y que otro lo había comprado al antiguo apuntador de la compañía de William Davenant (Theobald, *Double Falsehood*, pp. 167-179).[9] No se conserva ninguno de los manuscritos citados por Theobald, aunque, gracias a una nota en *The Gazetteer* de 1770, sabemos que un manuscrito del *Cardenio* se guardaba en el museo del teatro de Covent Garden, si bien se habría perdido en el incendio de 1808 (Hammond: 1984).

Theobald atribuye la obra únicamente a Shakespeare, aunque recuerda que «otros», aun admitiendo semejanzas con Shakespeare, habían identificado el estilo, la dicción y los caracteres como más próximos a Fletcher.[10] Por otra parte, el análisis lingüístico y estilístico del *Cardenio* ha revelado un mayor papel de Fletcher, especialmente en la parte final, mientras que la intervención de Shakespeare estaría limitada a la primera parte de la obra.[11]

---

[8] «By his petition [de Theobald], humbly represented to us that he having at a considerable expense purchased the manuscript copy of an original play of William Shakespeare called *Double Falshood, or The Distressed Lovers*» (Theobald, *Double Falsehood*, p. 162).

[9] Hammond (2010: 85) interpreta que la viuda de Davenant, que había sucedido a su marido al frente de la compañía, podría haber sido la «hija natural» de Shakespeare mencionada, en cuanto esposa del hombre, Davenant, que se suponía hijo natural de Shakespeare. Lo notable del caso es que Davenant había escrito una comedia, *The Spanish Lovers* (*Los enamorados españoles*), representada en 1626. No se conserva el texto, pero con ese título podríamos aventurarnos a pensar que se trataría de los amores de Cardenio, Luscinda, Dorotea y don Fernando.

[10] «Others again, to depreciate the affair, as they thought, have been pleased to urge that though the play may have some resemblances of Shakespeare, yet the colouring, diction and characters come nearer to the style and manner of Fletcher» (Theobald, *Double Falsehood*, p. 169).

[11] Hammond (2010: 98-104) revisa los resultados de los análisis de Stephan Kukowski, Jonathan Hope, Robert A. J. Matthews y Thomas V. N. Merriam y Cyrus Hoy, además de exponer su propio análisis.

Los escépticos señalan que nadie vio nunca los tres manuscritos shakesperianos que Theobald afirmaba poseer. Aun así, reconocen que existe cierta evidencia a favor de la idea de que, con vistas al reestreno de una antigua obra de Shakespeare, ensamblara y adaptara al gusto del siglo XVIII apuntes de escena incompletos obtenidos de algún modo en la década de 1660 por la compañía teatral que reinstauró los King's Men de Shakespeare. Una posibilidad es que, antes de ser publicada en el siglo siguiente por Theobald, tal reconstrucción fuera comenzada por William Davenant, el director de dicha compañía, quien adaptó varias obras anteriores, incluyendo algunas de Shakespeare. En esa época estaban de moda las obras ambientadas en España.

Folkenflik hace explícitas las reservas sobre la actuación de Theobald:

> El hecho de que [Theobald] adaptara obras de Shakespeare (*Ricardo II*, 1720) y destacara como crítico y editor en potencia de Shakespeare (*The Censor*, 1715, 1717; *Shakespeare Restored*, 1726) sugiere que se vio inducido a escribir la obra que no pudo encontrar, y que su experiencia lo hacía experto en engaños. Además, un poema suyo anterior, *The Cave of Poverty*, había sido «escrito a imitación de Shakespeare», como proclama en el título (Folkenflik 2012: 132).

Es muy difícil demostrar, sea cual sea el tipo de análisis utilizado, cuánto del *Cardenno* de Shakespeare y Fletcher puede haber quedado en una reconstrucción como esa, de la época de la Restauración, o en un pastiche ensamblado en el siglo XVIII, hechos por personas tan capaces de imitar distintos estilos.

La imagen de Theobald como editor de Shakespeare ha quedado dañada por las descalificaciones de Pope, un poeta reconocido, quien se sintió dolido por las fundadas críticas de Theobald a su edición, basada en la de Rowe. Pero, en realidad, Theobald, que había utilizado métodos filológicos, fue el más riguroso de todos los editores de Shakespeare del XVIII.

En apoyo de la credibilidad de las afirmaciones de Theobald de haber usado varios manuscritos y de su fidelidad —en mayor o menor grado— a dichas fuentes, Martínez Mata (2021: 64) proporciona el argumento de que, si Theobald hubiera efectuado una falsificación de la obra perdida de Shakespeare, como piensan buena parte de los estudiosos, habría imitado el estilo de Shakespeare, no el de Fletcher, predominante en la mayor parte de la obra. En el fondo de la desconfianza hacia Theobald cabe suponer que se encuentra el hecho incontrovertible de que *Doble Falsehood* no está a la altura de las obras conocidas de Shakespeare. Pero ello no implica una supuesta falsificación de Theobald, de la que no hay razones para darla por segura, sino que la explicación podría hallarse en las deficiencias de la versión intermedia de la década de 1660, que habría sido la fuente utilizada por Theobald.

Charles Ley, reciente traductor al español de *Double Falsehood*, opina que los cambios introducidos por Theobald fueron probablemente de poca importancia, precisamente porque se muestra orgulloso de una innovación de poco peso, la adición de unos pocos versos en la escena de la serenata de don Fernando (*Historia de Cardenio*, p. 26). Hasta tal punto está Ley convencido de ello, que en su traducción suprime lo que considera adiciones de Theobald —que no identifica ni reproduce— a una obra de Shakespeare y Fletcher.

El cambio más evidente en la versión de Theobald tiene lugar en los nombres de los personajes: Cardenio se convierte en Julio, Luscinda en Leonora, don Fernando en Henriques y Dorotea en Violante. Comparada con la historia escrita por Cervantes, *Double Falsehood* muestra cambios sustanciales (se deban a Shakespeare y Fletcher, a la posible versión de la década de 1660 o a Theobald). No solo la escena pasa a ser principalmente urbana (la obra comienza en el palacio del Duque), sino que las actitudes y comportamientos de los personajes difieren de los de sus modelos. Las sorprendentes acciones de los padres de don Fernando, de Cardenio y de Luscinda —que intervienen en la resolución final mostrando arrepentimiento (los de Luscinda) y dolor (los de Cardenio)—, así como las de los otros personajes, muestran diferencias sustanciales con la trama de Cervantes.

La Leonora de Theobald (Luscinda) actúa, en líneas generales, del modo que lo hace en el *Quijote*, pero Julio (Cardenio), Henriques (don Fernando) y Violante (Dorotea) adquieren claramente rasgos nuevos. Julio carece de la cobardía e indecisión que caracterizan a Cardenio en Cervantes. Está dispuesto a matar al traidor, y se contiene solamente por el consejo de Leonora respecto a que tal acto de violencia no les será de ayuda en su causa. Aun así, en el momento de la boda con Henriques, Julio es ya incapaz de controlarse e irrumpe espada en mano, aunque todo lo que obtenga con ello sea que el noble ordene a sus criados que le arrojen al exterior, casi como si no mereciera la pena prestarle atención. Esta escena reescrita permitiría al público hacerse una imagen de Julio (Cardenio) como un personaje sin asomo de cobardía, un enamorado fiel y valiente cuya locura parece totalmente comprensible.

Por otra parte, Violante carece de la resolución y la habilidad de su contrapartida cervantina, Dorotea. Es incapaz de librarse de los obstáculos, teniendo incluso que ser salvada del acoso por parte del dueño de los rebaños que cuida por la llegada de Roderick, el hermano de Henriques (el don Pedro cervantino), y es de nuevo Roderick quien organiza la escena de reconocimiento final. Violante no logra el arrepentimiento de su amante desleal proclamando la verdad, como ocurre en la Dorotea del *Quijote*, sino simplemente mostrando su amor.

El cambio más notable de todos está en el personaje de Henriques (don Fernando), que aparece como una víctima casi inocente del amor, una fuerza que lo supera más allá de lo que su voluntad puede resistir.[12] Algunas de las innovaciones de la

---

[12] «O, that a man / Could reason down this fever of the blood, / Or soothe with words the tumult in his heart! / Then, Julio, I might be indeed thy friend. / They, they only should condemn me, / Who, born devoid

trama también atenúan su culpa. Informa por carta a Violante (Dorotea) de su decisión de abandonarla, en contraste con su contrapartida cervantina, que desaparece sin dar noticia. El don Fernando de Shakespeare y Fletcher (en la versión de Theobald) es consciente de su propia traición, y de que el amor controla sus acciones violando las convenciones del honor.[13]

Aún más notable es que el Henriques de Theobald se arrepienta rápidamente de sus acciones. Se arrepiente en primer lugar de la violencia que empleó contra Violante (Dorotea) en su alcoba, cuando al mismo tiempo planeaba conquistar a Leonora (Luscinda), y finalmente de su traición para con Cardenio. Está dispuesto a ponerse en camino para encontrarle y obtener su perdón, tras habérselo pedido también a Leonora. Más tarde, cuando Julio revela su identidad a los presentes y ofrece ese perdón, atribuyendo al amor la culpa de su antiguo amigo, su rival renueva su amistad con un abrazo. Esto no tiene nada que ver, por supuesto, con la tensión que hay entre ambos personajes en la escena correspondiente del *Quijote*. En ella, don Fernando, al ver a Luscinda abrazar a Cardenio, y a pesar del hecho de que ha sido abrumado por las «verdades» de Dorotea

---

of passion, ne'er have prov'd / The fierce disputes 'twixt virtue and desire» («¡Ay, si un hombre pudiera calmar con la razón esta fiebre de la sangre, o suavizar con palabras el tumulto de su corazón! Entonces, Julio, podría yo ser tu amigo. Solamente deberían condenarme aquellos que, nacidos desprovistos de pasión, nunca hayan probado las fieras disputas entre la virtud y el deseo») (Double Falsehood, p. 214).

[13] «Mine honour / Begins to sicken in this black reflection. / How can it be that with my honour safe / I should pursue Leonora for my wife? / That were accumulating injuries, / To Violante first, and now to Julio; / To her a perjur'd wretch, to him perfidious, / And to myself in strongest terms accus'd / Of murd'ring Honour wilfully, without which / My dog's the creature of the nobler kind» («Mi honor comienza a asquearse ante esta negra reflexion. ¿Cómo puede ser que pretenda que Leonora sea mi esposa con mi honor a salvo? Fuera tal cosa acumulando injurias, primero para Violante, y ahora para Julio; para ella un desdichado perjuro, para él un pérfido, y para mí mismo acusado en los más duros términos de matar con obstinación el honor, sin el cual es mi perro la criatura más noble») (Double Falsehood, pp. 218-219).

y la ha proclamado como su dama, muda de color y lleva la mano a su espada. Esta amenaza solo desaparece gracias a las súplicas de Dorotea y a la intervención conciliadora del cura, mientras Cardenio, aun abrazando a Luscinda, «no quitaba los ojos de don Fernando, con determinación de que, si le viese hacer algún movimiento en su perjuicio, procurar defenderse y ofender como mejor pudiese a todos aquellos que en su daño se mostrasen, aunque le costase la vida» (*Quijote*, I, 36, p. 381). En el texto de Cervantes, la reconciliación final precisa de las sensatas palabras del cura y de las súplicas de Dorotea para que don Fernando admita el amor de Luscinda y Cardenio, de modo que «verá el mundo que tiene contigo más fuerza la razón que el apetito», renunciando al impulso de vengarse de Cardenio por ser el amado de Luscinda.[14]

The Comical History of Don Quixote de D'Urfey

Otra recreación inglesa de la historia de Cardenio bien significativa —por lo que revela del tipo de interpretación del *Quijote* en determinados ámbitos— es la comedia musical en tres partes *The Comical History of Don Quixote* (*La historia cómica de don Quijote*), estrenada con gran éxito en 1694-1695.[15] El autor, Thomas D'Urfey, era dramaturgo, poeta y, sobre todo, autor de un gran número de canciones. Alcanzó enorme popularidad,

---

[14] «Parecióle a Dorotea que don Fernando había perdido la color del rostro [al ver abrazarse a Luscinda con Cardenio] y que hacía además de querer vengarse de Cardenio, porque le vio encaminar la mano a ponella en la espada [...] Por quien Dios es te ruego y por quien tú eres te suplico que este tan notorio desengaño no sólo no acreciente tu ira, sino que la mengüe en tal manera, que con quietud y sosiego permitas que estos dos amantes le tengan [el sosiego] sin impedimento tuyo [...] y verá el mundo que tiene contigo más fuerza la razón que el apetito» (*Quijote*, I, 36, pp. 380-381).

[15] La primera parte de la trilogía ha sido editada recientemente por el GREC, junto con la traducción española de Aaron Khan y Vicente Chacón Carmona (2019).

aunque fue incapaz de suscitar el mismo entusiasmo entre la elite literaria de su tiempo. Hoy en día los críticos han destacado el contraste existente en su obra entre un estilo de comedia desenfadado, un tanto chabacano, y un enfoque sentimental y didáctico con argumentos serios.[16]

En la trilogía, D'Urfey entreteje episodios de la historia de don Quijote, como el de los molinos de viento, con la de Cardenio, y los personajes asociados a esta aparecen en escena antes de lo que lo hacen en la novela. El público es informado por el cura y el barbero de que Dorotea, quien aquí aparece como sobrina del cura, ha huido de casa de sus padres, que Luscinda ha mostrado cierta debilidad en la ceremonia, que sus padres actúan condicionados por el interés y que don Fernando se ha revelado como un redomado traidor. En suma, la locura de Cardenio se explica totalmente por el innegable hecho de ser una víctima.

Otra característica distintiva de esta adaptación es el papel predominante de los personajes femeninos y la abundancia de escenas en que aparecen. Por ejemplo, Dorotea está ya presente en el funeral de Grisóstomo, el enamorado de Marcela, donde reacciona ante la misoginia de Ambrosio. D'Urfey no solo mantiene, sino que amplifica las virtudes que Cervantes confiere al personaje: su capacidad de tomar la iniciativa y sus dotes argumentativas.

El predominio de los papeles femeninos no se limita a Dorotea y Luscinda. Se refuerza, también, con el papel trágico de Marcela y el cómico de Sanchica (llamada aquí «Mary the Buxom», María la Jamona). La esposa y la hija de Sancho lo visitan en su «ínsula», y eso da ocasión a un episodio cómico en el que un sirviente del duque intenta enseñarles a hablar y comportarse como damas. Marcela no se limita a aparecer en el funeral de Grisóstomo, sino que tiene un papel prominente en

---

[16] Knowles y Armistead (1984) ofrecen un breve panorama de las intepretaciones críticas sobre D'Urfey.

varios momentos de la trama, como la escena en que es salvada de un intento de violación o los momentos en que muestra su desesperado amor por el misógino Ambrosio.

Comparada con la Luscinda de Cervantes, que resulta prisionera de la contradicción entre su amor por Cardenio y la obediencia a sus padres, la de D'Urfey tiene un papel más próximo a Dorotea. Participa primero en un acalorado debate con don Fernando, en el que denuncia con elocuencia su traición a Cardenio y sus consecuencias, y después se alía con Dorotea para arrancar del depravado noble su arrepentimiento final.

La traición de don Fernando se ve agravada en D'Urfey por dos actos perversos que no están presentes en el *Quijote*. Abandona a Dorotea sabiendo que está embarazada y falsifica una carta de Luscinda a Cardenio en la que se insinúa que ella ya no le ama; justo lo contrario de lo que ocurre en la novela, en la que Luscinda hace saber a Cardenio mediante una carta las intenciones de don Fernando, reiterándole al mismo tiempo sus expresiones de amor. La carta falsa se convierte en causa de la locura de Cardenio, y este carece del sentimiento de culpa que tiene el Cardenio de Cervantes por no haber intervenido en la boda de Luscinda. Tampoco muestra ningún rasgo de cobardía, al contrario, hace frente valientemente a don Fernando.

Aun así, la resolución del caso llegará, como en la novela de Cervantes, gracias a los personajes femeninos, Dorotea y Luscinda. Esto establece una gran diferencia respecto a la obra de Shakespeare y Fletcher, en la que el final feliz se produce como consecuencia de las acciones del padre y el hermano mayor de don Fernando. Dorotea se ofrece a don Fernando como una enamorada sumisa, ciega ante sus acciones y dispuesta a aceptar cualquier cosa de él, incluso la muerte con que la ha amenazado. Es el amor incondicional de Dorotea, no la verdad expresada en largos y elaborados argumentos, como ocurre en el *Quijote*, lo que lleva a don Fernando a cambiar por completo su actitud: «Yo era tu tirano, pero ahora soy tu esclavo».

Desde otra perspectiva, la recreación de D'Urfey se caracteriza por la vulgaridad y degradación de los personajes con el objetivo de conseguir un humor bajo, desvergonzado, incluyendo también al personaje de don Quijote, que se muestra en una versión ridícula, casi grotesca. Esta degradación de la historia de don Quijote es consecuencia de un proceso interpretativo impulsado por Edmund Gayton, con sus *Pleasant Notes upon Don Quixot* de 1654, y reforzado por la traducción de Philips del *Quijote* de 1687 (Pardo García 2020: 192-193). Gayton había tomado la novela cervantina como punto de partida para hacer comentarios jocosos sobre determinados pasajes, rebajando al hidalgo al privarle de cualquier dimensión seria o bondadosa para convertirlo en un cobarde hipócrita y mentiroso. En su traducción, Philips no solo había cambiado la lengua de los personajes, convirtiendo a Sancho en un delincuente de los bajos fondos londinenses, sino que había añadido obscenidad para conseguir la risa.

Don Quixote in England de Henry Fielding

La interpretación burlesca del *Quijote*, a veces degradante, de Gayton, Phillips y D'Urfey va a dar paso en el XVIII a otra perspectiva bien distinta de la novela cervantina. La primera recreación teatral de relieve es una obra, titulada *Don Quixote in England*, de Henry Fielding, el más importante autor teatral de la primera mitad del siglo. Escrita hacia 1728, retocada más tarde, añadiendo el tema de las elecciones, y estrenada y publicada en 1734, se sitúa en los inicios de la carrera de su autor. Como es bien conocido, Fielding triunfaría después en el género de la novela, abriendo un camino, seguido por Smollet y Sterne entre otros, que situaría al *Quijote* en la base de la novela moderna.

En *Don Quixote in England*, si bien el caballero y el escudero siguen dando pie a escenas cómicas (ambos resultan apaleados y no queda ninguna duda de la locura del uno y de la simpleza del otro), don Quijote se convierte ahora en instrumento de la sátira.

La acción tiene lugar en una venta, como en la novela cervantina, situada ahora en Inglaterra, en la que se entrecruzan los episodios cómicos de don Quijote y Sancho con los amorosos de una Dorotea que integra también a la Luscinda cervantina por su amor correspondido con un joven de su clase social y por el propósito del padre de casarla por interés con un caballero rico y prepotente. Es don Quijote el que efectúa una sensata defensa de los jóvenes enamorados, mostrando lo que debería ser obvio para todos: el dislate de casar a una joven con un noble desconsiderado debido a la codicia del padre.

Encontramos, además de los citados, abundantes paralelos con episodios de la novela cervantina: la confusión de la venta con un castillo, el ventero reclamando inútilmente el pago de sus servicios, la farsa de una Dulcinea encantada (Gnutzman 1981). La recreación teatral de tan elevado número de episodios de la novela cervantina en una realidad diferente, la de la Inglaterra en elecciones, supone una conexión bastante fiel con el modelo en lo argumental para darle una dimensión de otra naturaleza.

Fielding incorpora el motivo de las elecciones parlamentarias, con la corrupción aneja, además de una serie de sensatas reflexiones de don Quijote criticando la hipocresía social y la corrupción, con un propósito que va más allá de la actualización de la historia en un contexto bien diferente. A pesar de su locura, el personaje pasa de ser objeto de burla a instrumento de sátira social, en línea con la interpretación satírica del *Quijote* predominante en ese momento (estudiada por Martínez Mata 2019). Desde el personaje ridículo que veía el siglo XVII, objeto únicamente de la mofa, en la obra de Fielding don Quijote se ha convertido en medio para satirizar no ya los disparates de los libros de caballerías, sino diversos comportamientos sociales. Su ingenua sinceridad pone en evidencia la hipocresía de una sociedad interesada únicamente en el medro y en el dinero, por lo que viene a ser un precedente del personaje Parsom Adams de su novela más cervantina, *Joseph Andrews* (1742).

En *Joseph Andrews*, Fielding habría mostrado a sus contemporáneos la dimensión seria de don Quijote, la combinación cervantina de locura en lo caballeresco y buen juicio en todo lo demás que había pasado desapercibida en el siglo XVII. Cuando Fielding sustituye en su personaje Parson Adams el modelo caballeresco de don Quijote por otro irreprochable, el de la Biblia y el mundo clásico —un referente ético aceptado en teoría por todos, pero bien lejos de ser llevado a cabo en la realidad—, consigue que la inocencia y buena intención del personaje desenmascare el comportamiento corrupto e interesado de los demás, proporcionando por tanto a su quijotismo una función satírica. La locura acaba siendo una manía o excentricidad inocente, compatible con su ingenua sinceridad y su benevolencia (su deseo de ayudar a los demás), lo que convierte al personaje quijotesco en un excéntrico amable (Tave 1960), en contraste con el egoísmo de los personajes que encuentra en su camino.

Don Quijote, comedia de James Wadham Whitchurch

Si bien no se percibe ninguna huella que pudiera revelar una hipotética influencia de sus predecesores, la historia de Cardenio también ocupa un lugar central en la obra *Don Quijote, comedia*. Quiere decirse que Whitchurch, probablemente desconociendo las recreaciones teatrales anteriores de la historia de Cardenio, encontró en los conflictos y situaciones que plantea la historia la oportunidad idónea para hacer una proclama de los planteamientos éticos dominantes en la Ilustración británica.

Desde el punto de vista de la trama, la recreación de Whitchurch es la más fiel al modelo. Aunque no puede evitar la alteración del orden de los episodios al adaptarlos para el teatro, se toma menos libertades que ninguna otra recreación anterior y otorga a don Quijote y a Sancho una caracterización muy próxima a la que tienen en el *Quijote*. Las diferencias más importantes respecto a Cervantes se encuentran en la forma en que se produce la resolución final del conflicto y, especialmente, en el cambio de actitud de don Fernando, que sufre una transformación casi instantánea, frente a la dificultosa evolución del don Fernando cervantino, que está a punto de utilizar su espada contra Cardenio. Además, la obra termina, siguiendo la costumbre de la época, con un epílogo, una reflexión sobre la vida en este caso, en boca de Leonora (la Luscinda de Cervantes). No es el hidalgo quien hace este discurso final, sino uno de los protagonistas de la historia de Cardenio, aunque el don Quijote de Whitchurch, cuando no está en su mundo de ficción caballeresca, se muestra en repetidas ocasiones capaz de filosofar de forma sensata.

Lo significativo es que Whitchurch, aun manteniendo la fidelidad argumental, consigue reflejar el sentimentalismo ético característico de la Ilustración inglesa. Ya hemos visto que las historias intercaladas del *Quijote* poseen una elevada carga ética: determinados comportamientos pueden causar la infelicidad, incluso la muerte, de otras personas. Whitchurch aprovecha esa carga ética incorporando, además, una concepción benevolente de la naturaleza humana basada en la idea de moralidad de Shaftesbury, que tendrá una enorme influencia en los pensadores británicos del XVIII, en especial, Francis Hutcheson, David Hume y Adam Smith (Martínez Mata 2022).

En la opinión de Shaftesbury, sentimos de forma natural un rechazo por la maldad y una satisfacción ante el bien, de manera que incluso la persona más perversa posee alguna capacidad de empatía. La preocupación por la condición de los otros, incluso la de los malvados —el inmoderado noble don Fernando, en este caso—, se ve como algo natural, ya que la benevolencia es «la más grata y placentera de las emociones» (en palabras de Adam Smith, *La teoría de los sentimientos morales*, p. 525).

Con muy pocos cambios en los diálogos y en la actitud de los personajes, sin modificar la trama de la novela cervantina, Whitchurch consigue que su versión del *Quijote* resulte un manifiesto de los nuevos valores de la Inglaterra de la Ilustración, la benevolencia y la empatía, propugnados por Shaftesbury y popularizados en la segunda mitad del siglo por el Adam Smith de *La teoría de los sentimientos morales* (1759).

Esa concepción benevolente de la naturaleza humana desarrollada a partir de Shaftesbury proporciona una dimensión nueva, en la obra de Whitchurch, a la carga ética de la historia de Cardenio. La amistad y los afectos sociales llegan a ser más importantes aún que el amor. La reacción de don Fernando es instantánea al conocer, por el escrito de Leonora (la Luscinda cervantina), las consecuencias de su comportamiento, desplomándose en una silla, «abrumado por el remordimiento». También, cae rendido a los pies de Dorotea al conocer la firmeza de su amor, a pesar de su innoble comportamiento con ella. Don Fernando pide repetidamente a Dorotea, Cardenio y Leonora que le perdonen, humillándose ante cada uno de ellos. Declara que ya no merece el amor y la fidelidad de Dorotea, pero que se esforzará para ser digno de ellos.

Y ofrece su espada a Cardenio para que tome venganza, quitándole la vida, del mal que le ha causado. El arrepentimiento instantáneo y la voluntad de reparar el daño causado, ofreciendo su propia vida para ello, le hace merecedor de la grandeza del perdón. Todo ello concluye no solo en la felicidad de las parejas, sino en especial en el restablecimiento de los «indisolubles» vínculos de la amistad: «reconciliémonos ahora con los indisolubles vínculos de la amistad», dice Cardenio (p. 147).

De hecho, en la recreación de Whitchurch se pone más énfasis en restaurar la amistad que en la felicidad de las parejas, en línea con el alto valor ético atribuido a la amistad por los pensadores de la Ilustración. Las palabras «amigo» y «amistad» aparecen cinco veces en esa escena, mientras que «felicidad» solo lo hace en dos ocasiones.[17]

---

[17] Cardenio pregunta a Leonora si es capaz de perdonar a don Fernando: «¿Qué dice mi Leonora? ¿No puedo esperar que aún sea él un amigo?» (p. 147). Después del perdón de Leonora, Cardenio le llama «amigo mío» y le abraza diciendo «reconciliémonos ahora con los indisolubles vínculos de la amistad», y redondea su entusiasmo con «seremos

Si la amistad ocupa un primer plano en el final de la comedia de Whitchurch, la empatía va a desempeñar un relevante papel a lo largo de ella. De manera reiterada, se expresa en los diálogos la inquietud por la felicidad de los otros y la compasión por sus sufrimientos. La preocupación que muestran los personajes de Whitchurch por lograr no solo la felicidad propia sino también la de los demás solo puede explicarse por una ética similar a la manifestada por Adam Smith, quien da un papel central a la participación en los sentimientos de los otros.

La escena final está muy lejos de la tensión del episodio en el *Quijote*. La conducta del ofensor, tal como se muestra en la obra de Whitchurch, es muy diferente de la del personaje cervantino. Don Fernando cambia tanto su actitud que su arrepentimiento le lleva a entregar su espada a Cardenio para que haga justicia en él, diciendo: «He aquí un hombre indigno del sagrado nombre de amigo. Toma esta espada y húndela en el pecho de quien es demasiado vil para vivir» (p. 146).

Ese inesperado arrepentimiento refleja el fondo de empatía que anidaría incluso en el mayor malvado (según la concepción ética que se acaba de comentar) y permite que pueda ser reintegrado a la nueva sociedad, alejada de forma absoluta de los valores aristocráticos del honor del Antiguo Régimen. En esa nueva sociedad, ya no es el honor el que gobierna los códigos sociales, ahora es la amistad, la relación entre iguales, la que establece las nuevas reglas de convivencia.

En el *Quijote* de Cervantes la espada que lleva Cardenio a la boda de Luscinda, aunque finalmente no la utiliza, y la espada a la que dirige la mano el noble prepotente, don Fernando, cuando ve a Luscinda y Cardenio abrazados en la venta, están expresando el riesgo de que la historia acabe trágicamente, como había ocurrido en la historia de *El curioso impertinente*,

---

perfectos amigos» (p. 147). El comportamiento perverso de don Fernando aparece sintetizado por él mismo, en el momento del arrepentimiento, precisamente en haber sido «indigno del sagrado nombre de amigo» (p. 146).

leída previamente por el cura. A la vez, las espadas simbolizan el comportamiento aristocrático propio del Antiguo Régimen, en el que las diferencias se dirimen por la violencia individual, de manera muy próxima al estado de naturaleza que había descrito Hobbes, en el que el hombre vive en un estado de guerra, con la consecuencia de que el más fuerte maltrata al más débil. En la obra de Whitchurch, el acto de Cardenio de arrojar al suelo la espada que le ofrece don Fernando y perdonar sus ofensas da lugar al nacimiento del *nuevo* don Fernando, de manera que se reemplazan los violentos códigos aristocráticos, que pertenecerían a un estadio anterior de civilización, por las prácticas humanitarias y los ideales igualitarios de la nueva sociedad.

El contexto de la literatura británica del siglo XVIII: ecos del *Quijote*

Las traducciones al inglés del *Quijote* abundaban, se podría decir que proliferaban, como icono del cambio cultural que estaba teniendo lugar durante la vida de Whitchurch. El vicario de Nunney se ciñe al texto de la novela de Cervantes, pero no podemos saber si siguió una traducción en particular, si utilizó varias o si quizá leyó la novela en su lengua original, lo que parece improbable. Hemos comparado la primera versión de Thomas Shelton, de principios del siglo XVII, con las del siglo XVIII que con mayor probabilidad pudo usar Whitchurch: Peter Anthony Motteux (1700), Charles Jarvis (1742) y Tobias Smollet (1761). La de Motteux era enormemente popular y fue reimpresa en 1771, poco antes del momento en que Whitchurch escribió la obra, es decir, cuando estaba en Oxford o inmediatamente después. Esta última edición había sido enriquecida con un buen número de notas.[18] Parece que esta edición habría

---

[18] *The History of the Renowned Don Quijote de la Mancha. Written in Spanish by Miguel de Cervantes Saavedra. Translated by Several Hands: and published by the Late Mr. Motteux. Revis'd a-new from the best Spanish Edition, By Mr. Ozell: Who has likewise added Explanatory*

sido la utilizada por Whitchurch, aunque también conoció la de Smollet, un poco anterior.

Mientras que en general Whitchurch muestra de modo consistente su independencia de las expresiones y el vocabulario utilizados por anteriores traductores, a pesar de ceñirse al texto de Cervantes, hemos localizado en Whitchurch al menos un caso de un uso sustancialmente literal de la traducción de Motteux. Cuando don Quijote se dirige a la princesa Micomicona rechazando cualquier posibilidad de casarse con ella, Motteux le hace decir: «As long as I shall have my memory full of her image, my will captivated, and my understanding wholly subjected to her whom I now forbear to name, it is impossible I should in the least deviate from the affection I bear to her» (*Don Quixote*, I, 25, p. 139).[19]

En *Don Quijote, comedia* hay prácticamente la misma expresión dirigida a Micomicona sobre el mismo tema, aunque ligeramente ampliada por Whitchurch en una vena cómica más propia de él:

> As long as I shall have my memory full of her image, my will captivated and my understanding wholly subjected to her whom I now forbear to name, 'tis impossible I should in the least deviate from the affection I bear to her, or be induced to think of marrying, tho' it were a phoenix (acto V, escena 2).[20]

Notes from Jarvis, Oudin, Sobrino, Pineda, Gregorio, and the Royal Academy dictionary of Madrid, 2 vols. (La historia del renombrado Don Quijote de la Mancha, escrita en español por Miguel de Cervantes Saavedra. Traducida por varias manos y publicada por el difunto Mr. Motteux. Revisada de nuevo a partir de la mejor edición española por Mr. Ozell, quien ha añadido también notas eplicativas de Jarvis, Oudin, Sobrino, Pineda, Gregorio y el diccionario de la Real Academia de Madrid, dos volúmenes), Robert and Andrew Foulis, Glasgow, 1771.

[19] «Mientras mi memoria esté colmada con la imagen de aquella que me abstengo de mencionar, mi voluntad cautiva y mi entendimiento totalmente sujeto a ella, es imposible que me desvíe lo más mínimo del afecto que le profeso».

[20] «Mientras mi memoria esté colmada con la imagen de aquella que me abstengo de mencionar, mi voluntad cautiva y mi entendimiento

En el mismo episodio en que Dorotea representa el papel de Micomicona, Motteux se refiere a ella varias veces como «illustrious princess» («ilustre princesa»), quizá influido por el francés de su infancia. Del mismo modo, Whitchurch hace que don Quijote la presente así al ventero:

> Don Quixote: Welcome, fair princess, to this castle. (To Dorothea) For you must know, Mr. Governor, (to Bernardo) that the illustrious Princess Micomicona condescends to visit you. I need not command you to lodge her in your state apartment and to shew her all the marks of honor which are suitable to her dignity (acto 5, escena 3).[21]

Esta insistencia en su realeza por parte de don Quijote al hablar con el ventero recuerda cuando se encuentra en la venta en los capítulos finales de la primera parte de la novela: «A castle it is —replied Don Quixote—, and one of the best in the whole province; and it has persons within, who have had sceptres in their hands, and crowns on their heads» (Motteux, I, 34, p. 30).[22] En ocasiones se encuentran frases en Whitchurch que recuerdan a otro traductor, pero no está claro si las similitudes proceden de la fuente compartida, el texto de Cervantes. En el episodio de los aterradores molinos de batán, Smollet hace que Sancho diga a don Quijote:

---

totalmente sujeto a ella, es imposible que me desvíe lo más mínimo del afecto que le profeso o que sea inducido a pensar en casarme con nadie, aunque fuera un fénix».

[21] «Bienvenida, bella princesa, a este castillo. (A Dorotea) Pues debe saber, señor gobernador, (a Bernardo) que la ilustre princesa Micomicona se digna visitarlo. No hace falta decirle que la aloje en su aposento principal, ni que le muestre todas las señales de honor que corresponden a su dignidad».

[22] «Castillo es —respondió don Quijote—, y uno de los principales en toda la provincia, y alberga personas que han tenido cetros en sus manos y coronas en sus cabezas».

For if I stir but an inch from your worship, fear instantly lays
hold on me, and insults me in a thousand horrid shapes and
visions; and let this serve to apprise you, that henceforward
I will not budge a finger's breadth from your presence (I, 9,
pp. 314-315).[23]

En *Don Quijote, comedia* Sancho dice algo muy similar a
don Quijote, aunque no con las mismas palabras: «If I but offer
to stir an inch from you, I'm almost frighted out of my seven
senses. And let this serve you hereafter for warning, that you
may not send me a nail's breadth from your presence» (acto
1, escena 4).[24] La frase del original, mucho más concisa y sin
reparo en poner en primer plano la necesidad de Sancho de
vaciar sus intestinos, dice «mas era tanto el miedo que había
entrado en su corazón, que no osaba apartarse un negro de uña
de su amo; pues pensar de no hacer lo que tenía gana, tampoco
era posible». En este caso, parece probable que el circunloquio
en aras del decoro por parte del primer traductor haya sido
tomado como modelo por Whitchurch.

Más allá de la literalidad de las traducciones del *Quijote*,
debemos tener en cuenta la influencia en Whitchurch de las
novelas de Henry Fielding y también, de un modo sorprendente
hasta cierto punto, las de su hermana Sarah. Ambos, buenos
conocedores de la obra maestra de Cervantes, ejercieron una
enorme influencia en Gran Bretaña. Sus logros literarios fueron ensalzados por sus contemporáneos, y sus reputaciones
se han mantenido vivas a través de las generaciones. Samuel

---

[23] «Porque si me separo de vuesa merced, aunque solo sea una pulgada,
al momento el miedo pone sus manos sobre mí y me ofende con mil
formas y visiones horribles; y que esto sirva para apercibir a vuesa
merced que en lo sucesivo no me separaré de su presencia ni el ancho
de una uña».

[24] «Si me ofreciera a alejarme de vuesa merced una pulgada, del miedo
perdería mis sentidos. Y que sirva de advertencia en lo sucesivo para
que no me envíe lejos de su presencia ni el ancho de una uña».

Richardson elogió a ambos hermanos, y Walter Scott consideró a Henry como «padre de la novela inglesa».

La novela de Sarah *Las aventuras de David Simple* (1744), que Whitchurch sin duda había leído y apreciado, fue un éxito excepcional, traducida al francés y al alemán, pronto seguida por una segunda parte (*David Simple, último volumen*, 1753). La forma en que ambos hermanos se acercan al *Quijote* ayuda a entender la de Whitchurch, la cual, aunque más cercana a la de Cervantes que la visión romántica más frecuente hoy en día, requiere algunas explicaciones relativas a la Ilustración británica para entenderla en su justa medida.

A pesar de sus totalmente naturales y bondadosas aventuras sexuales, Tom, el más famoso protagonista de Henry Fielding, muestra una estatura moral superior a la del resto de personajes de la novela. Como aclara el autor, es un Quijote mejorado, a una edad más apropiada que su predecesor español, equivocándose a través de la selva de sus deseos con buenas intenciones, buscando una vida mejor y obteniéndola finalmente, junto con una princesa ideal llamada Sabiduría (Sophie).

La elección del título por parte de Whitchurch, *Don Quijote, comedia*, en el que destaca su género, puede haber sido consecuencia del deseo de diferenciar la obra de las traducciones de la novela que abundaban en su tiempo. Asimismo, probablemente refleje el interés por la clasificación de las obras literarias típico de la Ilustración, expuesto por Fielding en el prólogo de *Joseph Andrews,* una breve pieza de teoría literaria sin duda conocida por Whitchurch. Sugiriendo las ambiciosas metas que tenía en mente, Fielding afirma: «Una novela cómica es un poema épico cómico en prosa, tan distinto de la comedia como la épica seria de la tragedia» (*Josef Andrews*, p. 7). Fielding recuerda incluso que Homero habría escrito una épica cómica ahora perdida, del mismo modo que en la famosa discusión entre don Quijote y el canónigo de Toledo, hacia el final de la primera parte de la novela, el canónigo instruido —y aficionado a la ficción caballeresca— sostiene que la épica puede ser escrita en prosa.

El gran prestigio de los antiguos autores grecorromanos, así como de los géneros clásicos, fue muy similar, por supuesto, en el Renacimiento y en la Ilustración.

En la propia portada de *Joseph Andrews*, Fielding declara que la novela está escrita «a imitación de Cervantes, autor de *Don Quijote*». Contiene, aparte de una parodia de los idealistas ingenuos cuyas guías morales son desgraciadamente inadecuadas, como el personaje que le da título, también una sátira de la sociedad que se desarrolla a través de la figura, tan admirable como poco práctica, de Parson Adams. Pardo García (1995-1997: 135) explica acertadamente la combinación de parodia y sátira en *Joseph Andrews*:

> Tanto en Joseph, el joven héroe de la novela, como en el párroco Adams, su compañero de aventuras, se produce el quijotesco desfase entre literatura y vida. En el caso de Joseph la insuficiencia del modelo literario que es su manual de conducta (la obra *Pamela* de Samuel Richardson, 1740), se vuelve contra este modelo, es parodia. En el de Adams, este desfase no actúa contra los modelos literarios y los clásicos, sino contra el mundo que se ha alejado de tales modelos, es sátira.

Tal como Fielding afectuosamente lo caracteriza, Parson Adams es «tan por completo ignorante de las mañas de este mundo como podría serlo cualquier recién nacido que acabara de llegar a él» (*Joseph Andrews*, p. 17). Es quijotesco del modo más idealizado, un cristiano ejemplar que encalla repetidamente en los bajíos de su desconocimiento de las estratagemas ajenas, que sigue a los clásicos y a la Biblia, modelos aceptados en teoría por la sociedad, a diferencia de la ficción caballeresca, pero sus buenas intenciones tropiezan constantemente con el difícil problema de aplicarlas a la vida inglesa del momento. No hay modo de escapar de la colisión entre continentes morales en que se ve aplastado. Britton lo resume:

Parson Adams [es] una figura evidentemente quijotesca, cuya ingenuidad, activa caridad cristiana y formación clásica llevan a un continuo conflicto con la vanidad, la hipocresía y la búsqueda del propio interés de la vida cotidiana.[25]

David Simple, de Sarah Fielding, un temprano ejemplo de novela sentimental que fue recibida con entusiasmo, ofrece la misma lectura idealizada del protagonista cervantino ante el telón de fondo de una sociedad corrupta que encontramos en la obra de su hermano, pero muestra más paralelismos específicos con *Don Quijote, comedia*. La autoimpuesta misión de David en la vida es notablemente cercana a la moderna idea de Dulcinea como alma gemela. Si se convenciera de haber encontrado a un hombre (o una mujer, como resulta al final) cuya franca compasión y defensa del prójimo afligido se iguale a la suya propia, en ese caso recuperaría la fe en la naturaleza humana. De este mismo modo, en la obra de Whitchurch, la creencia de Cardenio en las posibilidades morales de los seres humanos se verá fortalecida por las virtudes y el amor de Luscinda, por lo que Cardenio, que se encontraba desengañado por completo, volverá a encontrar la confianza en la sociedad. Sarah Fielding enuncia la conexión con los capítulos correspondientes del *Quijote*, que aparecen también en *Don Quijote, comedia*:

[Un conocido] creía que él estaba loco, porque ninguna persona en su sano juicio podría haber emprendido tal tarea como la de encontrar un amigo verdadero; lo cual era lo mismo que hacen los niños cuando piden llorando la luna… David, en quien era difícil provocar resentimiento, sintió no obstante que la indignación crecía en él al ver que su empresa favorita era motivo de burla, ya que su ser humano de bondad

---

[25] «Parson Adams [is] an obviously Quixotic figure, whose unworldliness, active Christian charity and classical learning bring him into continual conflict with the vanity, hypocrisy and moral expediency of everyday life» (Britton 1993: 23).

y virtud era para él lo que Dulcinea para don Quijote, y oír
que se consideraba imposible encontrar tal cosa producía
un efecto en él como el que provocó Sancho en el caballero
cuando le dijo: «Su gran princesa estaba ahechando trigo y
cerniendo grano».[26]

Sentimiento de fraternidad, *hobby horses* y melancolía heroica

Como ha señalado Wendy Motooka, el siglo XVIII se conoce
en Gran Bretaña tanto la Edad de la Razón como la Edad del
Sentimiento. ¿Cómo puede ser esto posible, y cómo afectó a
las interpretaciones del *Quijote*? Mucha de la reacción contemporánea a la novela estaba envuelta en un concepto que
podríamos llamar *obsesión*, y tal era el centro neurálgico en
que se encontraba la interacción entre sentido y sensibilidad,
en palabras de Jane Austen. La palabra *quijote* se usaba para
referirse a alguien cuya visión del mundo, más que ser engañosa
en el sentido de generar falsas imágenes de las cosas —como
ver gigantes en lugar de molinos—, estaba drásticamente dis-
torsionada por una idea fija. Tales obsesiones destacan en la
novela de Lawrence Sterne *Tristram Shandy*, donde se presentan
como típicamente inglesas y se denominan, con una mezcla
de ridículo y afecto, como *hobby horses* ('caballitos de juguete',
origen de la palabra moderna *hobby*). Skinner observa que «un
curioso fenómeno cultural del siglo XVIII es la fascinación de

---

[26] «[An acquaintance] believed he was mad; for no Person, in his Senses,
could ever have enter'd into such a Scheme as that of hunting after
a real Friend; which was just the same thing as little Children do, when
they cry for the Moon.... David, in whom it was difficult to raise a Re-
sentment, yet found an Indignation within him at having his favourite
Scheme made a jest of: for his Man of Goodness and Virtue was, to
him, what *Dulcinea was to Don Quijote*; and to hear it was thought impossible for any such thing to be found, had an equal Effect on him as
what Sancho had on the Knight, when he told him, "His great Princess
was winnowing of Wheat, and sifting Corn"» (*David Simple*, I, 1, p. ii).

los ingleses por su propia excentricidad, si bien esta sensación de identidad propia no es un rasgo permanente del carácter inglés».[27] En el caso de David Simple, Sarah Fielding lo llama «su amada pasión por hacer el bien» («his Darling Passion of doing good», *David Simple*, I, 8).

Para entender la mezcla de burla y reverencia hacia un loco como don Quijote, o la cercanía a la locura en un idealista extremo como David Simple, es conveniente conocer que por entonces estaba naciendo una concepción moderna sobre el origen de estas «pasiones dominantes», es decir, obsesiones. En esencia, como resultado de algún trauma emocional, es decir, una grieta en la sensación de bienestar de una persona, en sus creencias y aspiraciones resultantes, se ve inducida a interpretar de manera diferente las costumbres y comportamientos comunes que se experimentan en toda la sociedad. Tales desviaciones de la norma interpretativa, aunque se reconocía que podían abrir nuevas perspectivas valiosas cuando iban acompañadas de benevolencia, a menudo se consideraban un mal funcionamiento del proceso racional.

A pesar de ello, la afectividad natural y su expresión eran el criterio por el que se valoraba a una persona en la sociedad, y cuando esta virtud estaba presente tenía más peso en la valoración final de la persona que sus visiones excéntricas del mundo, por exageradas que fueran. Escritores como Fielding y Whitchurch, claramente modernos (y en absoluto posmodernos) en su visión de la ética y la política, tenían presente el concepto de un conjunto natural de emociones humanas, aunque hubiera variaciones asociadas al papel del individuo en la sociedad.[28]

---

[27] «A curious cultural phenomenon of the 18th century is the fascination of the English with their own eccentricity, if indeed this form of self-consciousness is not a permanent feature of the English character» (Skinner 1987: 53)

[28] Aunque los conceptos de ética natural y naturaleza humana son dos de los más destacados conceptos de la Ilustración sobre los cuales ya no existe un consenso general, eran fundamentales a mediados del siglo XVIII; Britton observa que «la influencia de Fielding... dio un

Como mencionábamos antes, se suponía que estas emociones debían inclinarnos a todos, aunque en distinto grado, hacia la «empatía» altruista, el «sentimiento de fraternidad» o la idea de que «ningún hombre es una isla», por mencionar una afirmación de la misma idea del siglo xvIII.[29]

El resuelto optimismo del *David Simple* de Sarah Fielding se explica mejor si tenemos en cuenta el vínculo entre virtud y felicidad establecido por lord Shaftesbury: «Tener afectos naturales, amables y generosos, y dirigirlos con vigor y constancia hacia el bien público, es tener la fuerza y el medio fundamental para disfrutar una vida feliz».[30]

Comparada con el insignificante papel que tiene la amistad en la ética cristiana, consecuencia de la desconfianza hacia los seres humanos propia del ascetismo medieval (los humanos son inconstantes, por lo que la única amistad verdadera es con Dios), y en contraste con los obstáculos para la comunicación interpersonal que encontramos en la sociedad jerárquica del Barroco (en la cual el honor se convierte en un principio incompatible

---

importante impulso a la novela cómica, la cual estaba motivada esencialmente por el interés hacia una moral natural bondadosa, que tendía a buscar la virtud en lo natural y no era intencionadamente dañina en sus propósitos ni trágica en sus consecuencias. Es precisamente en esto donde el espíritu de Cervantes se manifiesta con mayor claridad por debajo de su presencia inmediata en sus seguidores ingleses del siglo xvIII» («The influence of Fielding ... gave important currency to the comic novel, which was essentially motivated by a good-natured moral concern, that tended to seek virtue in what was natural, and was neither purposely damaging in its intentions nor tragic in its consequences. It is precisely in this that the spirit of Cervantes is most clearly evident beneath the immediate presence of his eighteenth-century English followers», p. 23).

[29] Henry Fielding se refirió a esa idea en otra ocasión cuando escribió que el protagonista cervantino posee «gran inocencia, integridad y humor, y [es] de la mayor bondad» (citado en Gnutzmann 1984: 99).

[30] «That to have the natural, kindly, or generous affections strong and powerful towards the good of public, is to have the chief means and power of self-enjoyment» (Shaftesbury, *An Inquiry concerning virtue or merit*, en *Characteristics*, I, p. 292).

con el carácter igualador de la amistad), el pensamiento de la Ilustración retorna a las ideas sobre la amistad de los antiguos autores latinos y las vincula al concepto de benevolencia en uso entre los moralistas británicos. Más concretamente, las vincula a la idea de Shaftesbury del ejercicio de la bondad y la generosidad como camino hacia la felicidad.

David Simple, el protagonista de Sarah Fielding, pasa la mayor parte de la novela buscando un amigo de verdad, lo que, como explica la autora, significa cualquiera «de naturaleza bondadosa». Esto implica para ella tener una buena salud emocional no solo para sentir empatía en lugar de antagonismo, sino también para expresarla honesta, abierta y sobre todo físicamente. Pero, además de defender esta idea de benevolencia natural, también reacciona contra un concepto psicológico contrario que tuvo importantes consecuencias en la política del siglo XVIII, el valor superior del orgullo sobre la humildad.

Parece razonable interpretar que entre las intenciones de Sarah Fielding con la publicación de *David Simple* estuviera la de dar una respuesta al *Tratado de la naturaleza humana* (1740), de David Hume, publicado cuatro años antes de su novela. Para Hume el orgullo, en su función de defensa activa de uno mismo, sostiene la personalidad. La idea refleja la preocupación sobre los derechos individuales del período, a diferencia de la atmósfera de los dos siglos anteriores, cuando los reformadores puritanos habían recomendado la rendición del individuo a Dios como motor del perfeccionamiento social. Sarah Fielding observaba y expresaba en *David Simple* los peligros para la sociedad, y para la felicidad individual, de las formas de agresión que con demasiada frecuencia se asocian con el orgullo y hacen que un principio de la mente que orienta y anima se transforme en una táctica de agresión supuestamente preventiva. Su condición de mujer, un sector de la sociedad inglesa cuya posición como herederas y propietarias se deterioró en el período y del que comúnmente se esperaba fueran modelos de modestia y humildad, sin duda contribuyó a hacerla consciente del creciente peligro.

Para aclarar las consecuencias de lo que hoy en día podría considerarse como comportamiento patriarcal, Sarah Fielding eligió convertir al personaje que da título a la obra en un hombre que reacciona ante el abuso del mismo modo que una mujer tradicional. Como observa Gross, David Simple hace y dice muy poco. En una palabra, es pasivo, y la trama se mueve básicamente al ritmo de desarrollos imprevistos a los que él se adapta (Gross 2006: 153-154). Pero, al final de la historia, el resultado es una felicidad alcanzada evitando la rivalidad y la violencia que derivan del orgullo.

En esa caracterización se encuentra otra similitud con Cardenio, quizá la que mejor explica por qué Whitchurch eligió acercarse al *Quijote* por medio de un personaje secundario. La pasividad es el rasgo que mejor define a Cardenio: pasividad mental cuando ingenuamente permite a don Fernando que vea a Luscinda y lo engañe, pasividad física cuando no interrumpe la ceremonia nupcial y huye a la sierra. Los intervalos de locura violenta que después lo persiguen destacan por el contraste con su inactividad previa y su dócil y humilde comportamiento con los pastores en sus momentos de lucidez. Ese mismo contraste está también presente en don Quijote, que oscila entre la expresión de nobles sentimientos humanitarios y la agresión injustificada. Como veremos, los británicos del siglo XVIII hicieron todo lo posible por reducir al mínimo este último aspecto de su héroe moral favorito, y no habría sido ilógico transferir a Cardenio ese desagradable defecto del protagonista.

Mientras que en el *Quijote* el final feliz llega a consecuencia de la retórica activa y la valentía, intrépida pero no violenta, de Dorotea, el hecho de que Cardenio no ataque a don Fernando también desempeña un papel. Es ese aspecto secundario en la resolución del conflicto en Cervantes el que David Simple toma *simplemente* absteniéndose de violencia y venganza. De este modo, la refutación de Fielding de la importancia que Hume otorga al orgullo egoísta se funde en Whitchurch con el cuadro de perdón cristiano y justicia pintado por Cervantes.

El intenso deseo de don Quijote por alcanzar fama como punto de partida hacia metas más altas se señala más de una vez en *Don Quijote, comedia*, como cuando habla de una aventura que «halaga mi ambición brindándole la esperanza de nuevas aventuras que señalen mi valentía» (p. 80). Los beneficios más tangibles de la fama se especifican cuando don Quijote alardea ante Sancho respecto a la princesa Micomicona: «Ve ahora cómo podemos tener un reino que gobernar y una reina que desposar» (p. 137).

Un ejemplo similar de lo que es ponerse en manos de fantasías vacías es la creencia del ventero en la autenticidad de los libros de caballerías, mientras que Whitchurch, en su *Ensayo sobre la educación*, escribe sobre el confuso efecto que causan en los niños los «numerosos absurdos que abundan en las fábulas» (*An Essay upon Education*, p. 83). En el caso del ventero, el desequilibrio emocional responsable de su obsesión, un desequilibrio inofensivo, no es más que el anhelo de la estimulación desorientadora de la imaginación y las emociones que obtiene cuando se toma en serio las historias: «Qué divertida broma, a fe, que pretenda convencerme ahora de que estos notables libros son mentiras y cuentos» (*Don Quijote, comedia*, p. 142).

Tan desesperada es la apuesta de Alonso Quijano por la transformación de su vida que está dispuesto a entrar en peleas en las que infringe la ley, le saltan dientes a golpes, le apalean las costillas y logra herir a otros. Dorotea, disfrazada de Micomicona, le hace ver el gran daño que ha hecho liberando a los presos del rey y se impone sobre él con la historia de que los miembros de su séquito han sido asesinados por esos mismos criminales. El peligro de que la obsesión conduzca a la violencia es obvio en su respuesta:

Hice lo que mi conciencia y mi profesión me obligaban a hacer. ¿Y qué tiene ningún hombre que decir a esto? Si alguno se atreve a decir lo contrario […], digo que sabe poco de caballeros andantes y miente como un hideputa y un villano de baja cuna. Y esto se lo haré saber más eficazmente con el convincente filo de mi espada (*Don Quijote, comedia*, p. 135).

Sancho parodia este característico desvarío de su amo de insultos y violentas amenazas hacia todo aquel que contradiga sus deseos y opiniones:

> Que tenga cuidado la señora Dulcinea. Porque si no contesta como debe, digo solemnemente que le sacaré de las entrañas una respuesta a fuerza de buenas patadas y puñetazos. Porque no es soportable que tan notable caballero andante como es vuesa merced pierda la cabeza sin saber la razón o el motivo por una tal… Cuerpo de Cristo, yo sé lo que sé (*Don Quijote, comedia*, p. 116).

Sin embargo, hoy en día nuestra cultura tiende a pasar por alto el tema de la violencia potencial del caballero, reteniendo mucho de la posterior interpretación romántica que amplificaba en gran medida la admiración de la Ilustración por el altruismo de don Quijote.[31] Skinner menciona algunos ejemplos de la apreciación del siglo XVIII:

> La impresión inmediata es que ensalzan exageradamente al héroe cervantino: «el loco con más moral y razonamiento del mundo» (Pope), que muestra «buena crianza y perfecta gentileza… en toda ocasión» (Corbyn Morris), una «fuerte

---

[31] Sobre el cambio de actitud de los lectores ingleses hacia don Quijote en el paso del siglo XVIII al XIX escribe Staves (1972: 206): «Subyace cierta noción del fracaso de estos ideales al confrontar las realidades del mundo, pero se considera insignificante» («Some notion of the failure of these ideals to correspond to the realities of the world lingers, but the failure is regarded as unimportant»). Sobre la interpretación romántica de don Quijote como arquetipo universal de individuo altruista e idealista, puede verse Close (1978: 89-100).

y hermosa representación de la naturaleza humana» (Sarah Fielding), o simplemente «el más excelente caballero del que podamos leer en una novela» (Henry Brooke). La lista podría prolongarse considerablemente.[32]

En consecuencia, hemos llegado a considerar que la muerte del caballero por un ataque final de melancolía es culpa del mundo. Observando la disparidad de esta interpretación con la propia visión de Cervantes sobre su personaje, Skinner concluye que «en cuanto al temperamento, los humoristas ingleses se inclinaban por la melancolía, cuando la disposición del caballero se retrata explícitamente como colérica... Para el lector del siglo XVIII, no obstante, la melancolía parece ser predominante».[33] Sarah Fielding, como de costumbre, dice a sus lectores que para el moralista David Simple, «no podía mencionar las escenas que vio sin un suspiro, o pensar en ellas sin una lágrima» (*David Simple*, I, p. 76).

Con la cita latina del principio de *Don Quijote, comedia*, tomada de la *Eneida* de Virgilio, «Y, con mezcla de dolor, locura», Whitchurch está sugiriendo, mediante esta combinación de demencia y dolor en un contexto épico, el tono preciso de noble melancolía que se percibía en don Quijote en la época. Se consideraba un héroe mítico, idealista, que siente lástima por un mundo moralmente imperfecto que descubre imposible de cambiar.

---

[32] «The immediate impression is that they unduly flatter Cervantes' hero: 'the most Moral and Reasoning Madman in the World' (Pope), showing 'perfect good Breeding and Civility ... upon every occasion' (Corbyn Morris), a 'strong and beautiful representation of human nature' (Sarah Fielding), or simply 'the finest Gentleman we read of in romance' (Henry Brooke). The list could be prolonged considerably» (Skinner 1987: 52).

[33] «In terms of temperament, English humorists inclined to melancholy, whereas the Spanish knight's disposition is explicitly portrayed as choleric... For the 18th-century reader, however, melancholy appears to predominate» (Skinner 1987: 55).

En esta línea está el pasaje en que Sancho pregunta a don Quijote «¿Tan pronto se ha olvidado vuesa merced de la paliza que sufrió a manos de los oficiales de la Santa Hermandad cuando puso en libertad a los galeotes?», y este responde:

> No, no lo he olvidado. El peligro que afronté no hizo ninguna mella en mí. Es la negra ingratitud de esos viles y degenerados monstruos a quienes había socorrido la que me lastima al recordarlo (*Don Quijote, comedia*, p. 80).

De hecho, es una situación melancólica y una autoatribución de una mentalidad estoica que a primera vista parece superar la mera obsesión.

Aun así, todo ese deleite sentimental en la profundidad de los sentimientos declarados por don Quijote no cambia el impulso principal de la Ilustración. Esta se encontraba empeñada en el análisis racional y la corrección de los defectos personales y colectivos dentro de la sociedad, lo que, naturalmente, se aplicaba a la pasión dominante de don Quijote. Los británicos del siglo XVIII —y también el propio Cervantes— no dejaban de percibir que al menos una parte de la culpa recaía en el hidalgo. Su preocupación por los efectos sociales de la literatura les recordaba que, aunque su compromiso con hacer el bien se relacionaba con la idea de empatía altruista, su obsesión por convertirse en un renombrado caballero producía de hecho consecuencias insignificantes o incluso dañinas.

Sancho, hombre natural y pragmático

Muy apreciado en el período, Sancho desprende el aroma sudoroso y saludable del hombre natural, y se yergue como contraste que equilibra a su amo.[34] Siguiendo esa línea, Whitchurch es-

---

[34] Ardila (2009: 129) refiere que Ronald Paulson, en *Don Quijote in England: The Aesthetics of Laughter*, «había presentado [a Sancho] como "una obra maestra del humor que no ha tenido ni tendrá parangón", y

cribe en *An Essay upon Education* sobre las ventajas que posee alguien simple y que se conforma con una posición inferior, como se retrata a Sancho en *Don Quijote, comedia,* en relación con alguien que, como don Quijote, tiene su cabeza llena de ideas inalcanzables de ascenso social:

> Que se sepa, entonces, que a los pobres se les enseña a muy temprana edad a no tener más deseos que los de la naturaleza, que son escasos y fácilmente alcanzables. Del trabajo diario obtienen salud, la más inestimable de todas las posesiones. De la misma fuente obtienen los recursos para satisfacer cualquier deseo que puedan tener... A los ricos, por otro lado, se les enseña desde la infancia a abandonar las sendas de la naturaleza y a regular todas sus acciones según la voluntad y la opinión de los demás. Conformarse con los honores hereditarios es para ellos dar ciertas señales de una mente débil y abyecta. Se les instruye para que se eleven a un rango superior a aquel en que nacieron, sin poder tener expectativas razonables de alcanzarlo.[35]

Ya al principio de la obra el hidalgo dice a su escudero: «Sancho, eres un hombre honesto, pero un mostrenco incorregible»

---

explica que Sancho era el protagonista de *Don Quijote en Inglaterra.* Indudablemente, el escudero manchego era un personaje extremadamente popular en Inglaterra durante el siglo XVIII y después».

[35] «Be it known, then, that the poor are taught at a very early age to have no wants but those of nature, which are few in number, and easily supplied. From daily labour they derive health, the most inestimable of all possessions. From the same source they derive wherewithal to satisfy every wish that they can form... The rich, on the other hand, are taught from their infancy to desert the paths of nature and to regulate all their actions by the will and opinion of others. To remain contented with hereditary honours is with them to betray certain indications of a weak and abject mind. They are instructed to soar above the rank in which nature has placed them, and to aspire after honours to which they were not born, and to which they can have no reasonable expectations of being promoted» (Whitchurch, *An Essay upon Education*, pp. 102-104).

(*Don Quijote, comedia*, p. 79). Whitchurch establece al momento con esta frase el carácter de Sancho, al menos tal como el hidalgo, un tanto ingenuamente, lo va a percibir. Una mirada tan positiva de Sancho, en lugar de la del siglo XVII como un bufón glotón y ridículo, encaja con la perspectiva de la Ilustración sobre el propio don Quijote, no como un lunático torpe sino como alguien que, aunque confundido en las cuestiones prácticas, es sabio sobre la mayoría de los temas y más lleno de sentimiento fraternal que la mayoría de nosotros.

En un contexto más amplio, el ignorante Sancho, haciendo en cada situación lo que considera mejor para sí mismo, se alinea con la naturaleza —comiendo, bebiendo y durmiendo según los dictados de esta—, en contraste con el poco realista intento de su amo, ofuscado por sus lecturas caballerescas, de ignorar las necesidades del cuerpo. Al principio de la obra, don Quijote alardea, aunque de forma poco convincente, de que «los pensamientos que me sugiere a la imaginación este tierno escenario me resultan más gratos que la mesa más lujosa, puesto que le brindan a uno una diversión más exquisita» (*Don Quijote, comedia*, p. 81). En respuesta al escepticismo de Sancho sobre si esta disposición de las prioridades estéticas sobre las gastronómicas habría sido puesta en práctica en alguna ocasión, don Quijote alude al suicidio del patriota romano Catón. En su respuesta, Sancho atribuye el suicidio de Catón a estar mal alimentado y, en consecuencia, apático, no a sus grandes ideas, y conjetura que habría estado comiendo solo «slip-slops»,[36] que curiosamente es también el nombre de la poco apetecible criada que intenta que Joseph Andrews acepte sus favores sexuales en la novela de Henry Fielding.

Don Quijote también afirma trascender el dolor físico, mientras que Sancho interviene con una actitud firmemente asentada en las limitaciones físicas y mentales de una persona.

---

[36] 'Gachas aguadas', y por extensión cualquier comida o bebida floja y poco nutritiva.

Ampulosamente, el caballero proclama: «No me recuerdes los males pasados, pues, cuando quedan en el olvido, es como si nunca hubieran existido». La pregunta con que Sancho contesta cuestiona la viabilidad de ese planteamiento: «¿Es eso verdad? Tal vez no siempre podamos olvidar los males tan pronto como quisiéramos» (*Don Quijote, comedia*, p. 80).

A pesar de la tendencia de Sancho a soltar refranes sin medida en la novela, ahora no soporta las afirmaciones categóricas. Cuando Cardenio exagera la gravedad de sus aflicciones («y no han de remediarse con la riqueza, puesto que los bienes de la fortuna sirven de muy poco contra la ira de los cielos»), Sancho desinfla la atmósfera trágica con un aparte: «Ay, ay, vamos, vamos, a muchos hombres, muchos pareceres» (*Don Quijote, comedia*, p. 103).

Aunque el comportamiento de Sancho, tanto en la novela como en la obra de teatro, no siempre es honrado, como cuando azota los árboles del bosque en lugar de azotarse a sí mismo para obtener dinero de su amo o cuando se apropia de las monedas de oro de las alforjas de Cardenio, Sancho es un recordatorio —al que don Quijote solo ocasionalmente hace caso— de que en el mundo real es necesario el equilibrio que proporciona un elemento de pragmatismo moral. Esto ocurre en la novela, por ejemplo, cuando el caballero accede tácitamente a la recomendación de Sancho para que ambos se escondan en las montañas de la Santa Hermandad después de liberar, contra toda norma, a los prisioneros del rey. El Romanticismo del siglo XIX, a diferencia de la más práctica Ilustración, tendió a pasar por alto este aspecto de la pareja Quijote-Sancho.

Whitchurch, fiel al inquebrantable empirismo de los mejores pensadores de la Ilustración, muestra que el compromiso de Sancho de cuidar de su amo tiene también sus desventajas. Sancho dice a don Quijote: «Si me ofreciera a alejarme de vuesa merced una pulgada, del miedo perdería los sentidos» (*Don Quijote, comedia*, p. 91). Ese miedo que lo esclaviza es claramente la consecuencia de sus dos obsesiones particulares, el evitar cualquier situación que implique peligro, aunque sea remotamente, y la apropiación de cualquier cosa que contribuya a la satisfacción de sus necesidades físicas. Confiesa a su amo que no quiere encontrar al propietario de las monedas de oro, ya que si las gasta antes de que eso ocurra estará legalmente libre de obligación (*Don Quijote, comedia*, p. 91). Así que ahora es Sancho quien persigue obsesivamente un resultado provechoso, no don Quijote con su búsqueda de fama, princesa y reino, y quien está dispuesto a violar la ley conforme a sus necesidades. En contraste con el contrapeso materialista de Sancho, vemos en la respuesta de don Quijote el valor de la valentía y la fidelidad a un código de conducta autoimpuesto: «Si le encontramos [a Cardenio], me tranquilizaría muchísimo» (*Don Quijote, comedia*, p. 91).

Aun así, existe un punto medio implícito entre esos dos extremos. Whitchurch, con su dieciochesco compromiso con un sistema lógico, no deja de expresar dónde se encuentra. Ese punto de cruce entre un eje principal de altruismo y una abscisa de supervivencia se afirma —más que en la sanchificación de don Quijote— en la autoconciencia del hombre de sentido común: «No es para tanto, señor. Puede que solo sea yo un mostrenco o un palurdo, como se podría decir, pero quiero que sepa bien claro que sé qué es cada cosa y que siempre he mirado por lo que más importa» (*Don Quijote, comedia*, p. 79). En un ejercicio práctico de equilibrio entre el placer y el dolor, proclama con franqueza:

> Ni tengo, ni quiero, nada de tal «flosafía», pues siempre he visto que no le hace ningún bien a nadie. Jamás se consigue nada con ella, y ya sabe que lo que vale cualquier cosa es el provecho que trae [...] [La filosofía] siempre le mete en la cabeza al hombre alguna quincalla que no estaba allí antes (*Don Quijote, comedia*, p. 80).

No solo es pragmática la actitud de Sancho ante la vida, sino también su lenguaje. Incluso sus famosas equivocaciones con las palabras lo proclaman. Sancho vive en el mundo real, y esto se refleja en su vocabulario. Cuando don Quijote se entusiasma afectadamente, como en «bajo aquel árbol frondoso el florido herbazal del campo», su florido lenguaje, tomado de los libros de caballerías, inmediatamente destaca como evidencia de que vive en su propio esquema mental. Dejando aparte lo extraño del vocabulario, Sancho malinterpreta y mezcla el léxico rimbombante de don Quijote: «ese florido lodazal de que habla»,[37] y de este modo se desinfla el lenguaje impostado de forma cómica para recordarnos otro punto de vista más utilitario y comúnmente aceptado. Lo mismo puede decirse de los juramentos comunes, inocuos y ligeramente vulgares que Whitchurch pone en su boca. El uso por parte de Sancho de expresiones mundanas entre lo religioso y lo fisiológico, como «odsnigs»,[38] choca con el uso que hace don Quijote del lenguaje, a veces tan refinado que pierde toda fuerza. Aunque conociera palabras de un registro social superior, el vocabulario de Sancho, con los pies en la tierra, aún le sería más útil en el nivel social en que suele desenvolverse.

La desesperación del aislamiento, la clemencia de la comunidad

La desconexión que se produce entre el expreso sentimiento de fraternidad de don Quijote, por un lado, y, por otro, su errónea interpretación del mundo (además de sus disparatadas ambiciones), sin duda resulta problemática en cuanto sobrepasamos

---

[37] En el original, la confusión es entre las palabras «herbage» ('herbazal') y «garbage» ('basura').

[38] Expresión intraducible, como otras que aparecen en la obra. En general, estas exclamaciones que comienzan con «ods» son un probable eufemismo por «God's», así que lo más similar en español serían expresiones como «cuerpo de Dios» u otras similares.

la lectura meramente burlesca. En la respuesta de los lectores británicos, esta tensión se resolvía transformando al personaje. El don Quijote de Whitchurch, por ejemplo, muestra una paciencia inesperada ante lo que ve en los otros como estupidez. Acepta la culpa por sus turbaciones, en lugar de usar como chivo expiatorio a algún malvado encantador. Incluso accede, eso sí, sintiéndose muy ofendido, a pagar la cuenta de la venta: «Señora, si es insensible al honor de recibir a una ilustre princesa y un caballero andante, su mezquino espíritu se sentirá plenamente satisfecho» (*Don Quijote, comedia*, p. 141).

Como se ha observado, los escritores británicos de la época dedicaron muchas energías a insertar a don Quijote en el consenso social.[39] Se convierte en menos insistente en su locura, menos pronto a recurrir a la violencia para mantener la idiosincrasia de su visión del mundo y a menudo se le presenta como totalmente desinteresado. Cuando, en la obra de Whitchurch, recibe la decepcionante noticia de que Dorotea no es ya la princesa de Micomicón, se expresa con autocontrol y con una fidelidad al deber muy tradicionalmente británica, muy lejos del ataque impulsivo a los guardias de los galeotes o del carácter obsesivo de uno de los *hobby horses* de Sterne: «Sea ella quien sea, cumpliré con mi obligación y obedeceré a los dictados de mi conciencia, según las reglas de la caballería que profeso» (*Don Quijote, comedia*, p. 132). Aún más sorprendente es que

---

[39] Hammond (2009: 101-102) aborda el fenómeno desde la perspectiva romántica del «control» social en lugar del consenso social: «One main form of Don Quixote's madness is his constant disregard for state law [...] Eighteenth-century versions cannot stomach the subversive aspects of Don Quixote being taken at his own estimate [...] They put much energy into the dehumouring of their Quixotic figures, ending in restoration to sanity, marriage and social control» («Una de las principales formas de locura en don Quijote es su total indiferencia hacia la ley... Las versiones del siglo XVIII no pueden admitir los aspectos subversivos de don Quijote según su propio juicio... Dedicaron mucha energía a rebajar lo quijotesco, llevándolo de vuelta a la cordura, el matrimonio y el control social»).

don Quijote abandone su sueño más querido para permanecer fiel a Dulcinea, algo que, como puede atestiguar Maritornes, no gestiona consistentemente en la novela:

> Porque mientras mi memoria esté colmada con la imagen de aquella que me abstengo de mencionar, mi voluntad cautiva y mi entendimiento totalmente sujeto a ella, es imposible que me desvíe lo más mínimo del afecto que le profeso o que sea inducido a casarme con nadie (*Don Quijote, comedia*, p. 138).

Pero el don Quijote de Whitchurch no debe sostener el peso de esta moral por sí solo. En las adaptaciones de la Ilustración, que son invariablemente sátiras sociales, como el *Don Quijote en Inglaterra* de Henry Fielding, los que rodean al protagonista reflejan las mezquinas cualidades humanas que Cardenio atribuye a Leonora y a Fernando: «Del mundo algo he visto, lo suficiente para conocer su vileza» (p. 85). Para Whitchurch, la venalidad del mundo está representada por el entorno de la venta: el ventero Bernardo, su mujer Antonia y Clara, la criada coqueta.

En el *Don Quijote en Inglaterra* de Henry Fielding también está presente este retrato de la avariciosa y suspicaz mujer del ventero, cuyo carácter desagradable es compartido por su marido en mayor medida que en la obra de Whitchurch. En la comedia de Fielding, la ventera cree que la vigilia de don Quijote no es más que una excusa para robarles en cuanto tenga oportunidad (Gnutzmann 1984: 94). En *David Simple* la ventera es retratada, de forma similar, como el colmo de la «mala naturaleza»:

> David salió inmediatamente, consiguió un buen alojamiento para ellos [dos nuevos compañeros de infortunios] y para él mismo, regresó y pagó a la ventera su cuenta y la de ellos (sobre cuya cuantía ella había hecho tanto ruido, y que ascendía a la suma de una sola guinea). No pudo evitar reflexionar

con placer que esta mujer había salido perdiendo por su crueldad y mal carácter.[40]

En *Don Quijote, comedia*, Clara, además de dar falsas esperanzas a su patrón, cuenta la historia de la cruel burla de Maritornes a don Quijote en el corral, en la que ella misma tomó parte. No hay sugerencia alguna de que hubiera sucedido como castigo por haber agarrado a Maritornes por la muñeca cuando la sorprendió pasando junto a su cama, algo que está implícito en la novela, y aparece simplemente como una burla de la perturbada vanidad del caballero.

En contraste, los incorruptos pastores lo tratan con amor casi fraternal, del mismo modo que Francisco y Rodrigo rescatan a don Quijote de sí mismo de manera bondadosa, con una empatía destacada por el propio Cardenio, que deja claro el énfasis del autor en una comunidad amorosa que sana y acoge en su seno al obsesivo más extravagante, siempre que sea «bondadoso» de corazón: «Creo firmemente, mis generosos benefactores, que todas las virtudes que adornan al hombre han abandonado la raza humana para morar dentro de vuesas mercedes» (*Don Quijote, comedia*, p. 85). El público no tiene ninguna razón para dudar de la sinceridad de la respuesta del pastor a las palabras de Cardenio: «Si no le hubiéramos proporcionado a vuesa merced lo necesario para sustentar la vida, no habríamos merecido llamarnos hombres» (p. 85).

El camino hacia la cooperación entre puntos de vista opuestos se da a entender cuando don Quijote comienza a desvestirse tras oír decir a Dorotea que su padre el rey había vaticinado que el salvador de su reino tendría un lunar en cierto lugar. Sancho

---

[40] «David presently went out, got a good Lodging for them [i.e., two new friends in distress] and himself, returned, and paid the Landlady his and their Bills (the whole of what she had been so clamourous about, amounting to the Sum of only one Guinea.) He could not help reflecting with pleasure, that this Woman had been a Loser by her Cruelty —and Ill-nature» (*David Simple,* p. 42).

le asegura, velando con presteza por el decoro social, que sí tiene tal lunar. Dorotea le sigue la corriente por las mismas razones, pero con palabras que también reclaman confianza en la sociedad, aunque eso implique alguna mentira piadosa: «Es suficiente. Los amigos pueden confiar mutuamente sin un examen tan estricto» (p. 137).

Los conflictos sociales que habían lacerado la Gran Bretaña de los siglos XVI y XVII, las guerras entre protestantes y católicos y sus querellas políticas, se veían también como un fracaso de los grupos obsesivos en su relación con los diferentes. En todos los bandos, los enemigos eran vistos como fanáticos aferrados a credos no solo infundados, sino peligrosamente amenazadores para los demás. Los pensadores ilustrados, sin embargo, podían comprenderlos como grupos que habían sufrido el trauma de persecuciones sangrientas, lo cual los había encerrado en interpretaciones políticas opuestas.

Al igual que el don Quijote de las adaptaciones británicas contemporáneas se había vuelto más tolerante con los puntos de vista ajenos, los escritores de la corriente dominante, como Whitchurch, incitaban a las facciones a ser más tolerantes con los puntos de vista ajenos y, por lo tanto, menos proclives a recurrir al homicidio para defender a los suyos.

Otros personajes reflejan de algún modo el perfil de don Quijote: lógica sesgada, mezcla de altruismo con ambición, cicatrices emocionales y violencia siempre a punto de brotar. El más próximo a este perfil es, por supuesto, Cardenio. Uno de los pastores hace notar su mezcla de locura, bufonadas y noble dignidad: «le dio Colin el traje y sombrero de bobo con que nos divertimos en nuestras fiestas, que le producen una apariencia muy ridícula, aunque conserva cierto aire de dignidad y un comportamiento que me convencen de que es de noble linaje» (p. 84).

Cuando don Quijote y Cardenio se encuentran, los dos reiteran expresiones de buena voluntad. El hidalgo dice con entusiasmo: «He aquí, señor, a un amigo de los desdichados» (p. 101).

Sin embargo, llegará a las manos con Cardenio por su obsesiva necesidad de defender la reputación de una dama ficticia, extraída de un libro de caballerías. Su mente, dominada por su obsesión, es incapaz de plasmar eficazmente su sentimiento de fraternidad subyacente.

De manera muy similar, Cardenio, a pesar de su deseo de comportarse lo mejor posible, entrará en un furioso frenesí porque alguien se ha atrevido a interrumpir y, de manera implícita, alterar la narrativa acerca de cómo ha acabado vagando peligrosamente por los montes solitarios. Advierte a sus oyentes: «El mismo recuerdo de mis desventuras pasadas me revela otras nuevas» (pp. 102-103). No obstante, al público, como a los lectores de la novela, le viene a la mente que ese dolor surge del tener que recordar, y posiblemente replantearse, los hechos.

Con todo, es la desesperación la característica de Cardenio que se relaciona más directamente con el tema principal de la obra de Whitchurch: cómo la sociedad ayuda al que padece de obsesión para que adquiera conciencia de su desvarío, se arrepienta y sea así acogido de nuevo en su seno. Cardenio se desengaña sin fundamento de la fidelidad de Leonora del mismo modo que en Sierra Morena don Quijote recela, desde luego innecesariamente, de la buena voluntad de Dulcinea. En un poema de Cardenio hallado en sus alforjas, el desconsolado enamorado elige rendirse y entregarse al dolor en lugar de enfrentarse a la situación: «Cuando así males ocultos padecemos, / lo más breve es perder toda esperanza». En otro poema, atribuye la separación, que él cree definitiva, a la falsedad de su amada y a su propia desesperación: «La falsedad de tus promesas y mi desesperación me alejan de ti para siempre» (p. 90).

El pecado de Cardenio, su desesperación, le lleva no solo a la locura sino también a la violencia. Los pastores cuentan que «era preciso que así estuviera para cumplir una penitencia que se le había impuesto por los grandes pecados que había cometido» (p. 94). El lector de la novela percibe que ese pecado es principalmente su cobardía.[41] En la obra de Whitchurch, la cobardía de Cardenio aparece más matizada como falta de fe en los otros, además de que proporciona un contexto para explicar cómo el desvarío mental va unido a la violencia. Esa relación está también presente en la tradición literaria renacentista y medieval del salvaje, el cual, en novelas como *Ivain o el Caballero del León* o *Amadís de Gaula*, comete una transgresión, deja la sociedad para irse a los bosques y allí se dedica a saquear, sin motivo, para obtener comida.

Sin embargo, Whitchurch le proporciona a Cardenio su correspondiente terapia comunitaria. De un modo muy similar a la forma en que el León Cobarde de *El Mago de Oz* llega al valor a través de un vínculo de solidaridad con Dorothy, Cardenio y Dorotea se ven reforzados por su sufrimiento compartido y su acuerdo para apoyarse mutuamente:

> Aquí, bajo la palabra de cristiano y caballero, hago voto y prometo no abandonarla hasta que él [Fernando] le haya hecho justicia, y lo haré a riesgo de mi vida en caso de que la razón y la generosidad se mostraran ineficaces para obligarle a aceptar la bendición de vivir con vos. [...] Hemos sido compañeros en la aflicción.
>
> DOROTEA ¡Y que lo seamos en la felicidad! (p. 126).

En *David Simple* hay una larga historia interpolada cuyo tema y argumento son similares a los de Cardenio, pero cuya trágica conclusión hace hincapié en los peligros de que una comunidad sea incapaz de establecer una comunicación honesta y compasiva entre sus miembros. Isabelle, una noble francesa que vive en un afligido aislamiento, narra con casi la misma

---

[41] Edmund Gayton ya lo había subrayado en el comentario del *Quijote* que escribió a mediados del siglo XVII. Wilson (1950: 65) ofrece esa observación como prueba de las ocasionales muestras de perspicacia de Gayton.

intensidad emocional de Cardenio cómo su hermano, heredero del título nobiliario de Stainville, estaba casado con la exquisitamente bella Dorimene, pero ella estaba encaprichada de Dumont. Dumont e Isabelle, como Cardenio y Luscinda, llevan largo tiempo profundamente enamorados y están impacientes por casarse, pero Dorimene amenaza a Dumont con matar a Isabelle si Dumont se casa con su rival. De forma bastante disparatada, Dumont no dice nada sobre esto y se encuentra varias veces en secreto con Dorimene en el bosque para que ella pueda seguir amenazándolo. Enterado por un criado de estos encuentros, Stainville, en presencia de su esposa, apuñala a Dumont, su mejor amigo. Al conocer la verdad por Dumont antes de morir, Stainville, en una versión melodramática de la violencia ridícula que encontramos en el *Quijote*, se deja caer sobre su espada para matarse, aunque la herida no resulta fatal. De forma similar, Dorimene confiesa todo a Isabelle después de haberse envenenado para suicidarse.

Esta confusión por parte de Stainville, reaccionando con tal violencia al pensar erróneamente que su amigo era culpable de adulterio con su esposa, recuerda a Cardenio convenciéndose precipitadamente de que don Fernando y Luscinda lo han traicionado. Desde luego, don Fernando es realmente culpable, pero Luscinda, cuyo amor le importa a él mucho más que la amistad de don Fernando, es por completo inocente. Cardenio vuelve la violencia en su contra al echarse al monte enloquecido, mientras que Stainville la dirige a su mejor amigo. Isabelle llega a la conclusión de que ya nadie puede hacer nada que cure su dolor emocional, un veredicto respaldado por su audiencia, por lo que resuelve hacerse monja y así abandonar la sociedad para siempre (*David Simple*, IV, 2).

Como hemos señalado, la regeneración moral del don Fernando de Whitchurch es claramente inverosímil para los lectores de hoy en día. Se adueña de él un cambio de actitud tan profundo que nos hace recordar tanto la condición de pastor de Whitchurch, el encargado de absolver los pecados, como los extravagantes gestos de arrepentimiento nada infrecuentes al final de las obras de teatro inglesas del siglo XVIII. También recuerda la conclusión, caracterizada por el perdón y la indulgencia, que aporta Sarah Fielding para su *David Simple*. David perdona a su hermano, aunque ya está convenientemente muerto a causa de su vida disoluta, por haber intentado desposeerle de su herencia. Camilla y Valentine perdonan a su padre por haber creído la calumnia inventada por su ahora fallecida madrastra, Livia, sobre su supuesto incesto. La novela termina con una exhortación a crear una comunidad cariñosa y moralmente disciplinada, y su celebración:

> Cada uno de ellos se esforzaba por hacer todo lo que contribuyera a la felicidad de los demás [...] En pocas palabras, es imposible que la imaginación más viva pueda formarse una idea más placentera que la que disfrutaba esta pequeña sociedad, con verdaderas pruebas de amor mutuo. Y, siendo esta una representación tan poderosa de la felicidad verdadera, está al alcance de cualquier comunidad el alcanzarla si cada uno de sus miembros desempeña el papel que le ha sido asignado por la naturaleza o su función en la vida, teniendo en sincera estima el interés y el placer del conjunto (*David Simple*, IV, p. 237).

En definitiva, lo que revela *Don Quijote, comedia* es que James Whitchurch encontró en la novela cervantina el instrumento apropiado para difundir por medio de la escena las ideas de benevolencia y empatía, además de poner de relieve el relevante papel otorgado en ese momento a la amistad, un tipo de relación social que anula las diferencias jerárquicas propias de la sociedad del Antiguo Régimen.

Obras citadas

Ardila, J. A. G., «Henry Fielding: from Quixotic Satire to the Cervantean Novel», en *The Cervantean Heritage: Reception and Influence of Cervantes in Britain*, ed. J. A. G. Ardila, Legenda, Londres, 2009, pp. 124-141.

Borge, Francisco: véase Fletcher, John, y Francis Beaumont, *El necio / The Coxcomb*.

Britton, R. K. «Don Quijote's Fourth Sally: Cervantes and the Eighteenth-Century Novel», *New Comparison*, 15 (1993), pp. 21-32.

Cervantes, Miguel de, *The ingenious gentleman don Quixote of la Mancha*, trad. P. A. Motteux, ed. J. G. Lockhart y J. Gibson, G. Bell and Sons, Londres, 1904, http://bdh.bne.es/bnesearch/detalle/bdh0000196557.

—, *The History and Adventures of the renowned Don Quijote by Miguel de Cervantes Saavedra, 1547-1616*, trad. Tobias George Smollett, 1721-1771, J. Chambers, Dublín, 1796.

—, *The Ingenious Hidalgo Don Quijote de la Mancha*, trad. John Rutherford, introd. Roberto González Echevarría, Penguin, Nueva York, 2001.

Chandler Hayes, Julie, «Eighteenth-Century Translations of *Don Quijote*», en *The Cervantean Heritage: Reception and Influence of Cervantes in Britain*, ed. J. A. G. Ardila. Legenda, Londres, 2009, pp. 66-75.

Chartier, Roger, *Cardenio entre Cervantes y Shakespeare. Historia de una obra perdida*, trad. Silvia Nora Labado, Gedisa, Barcelona, 2012 [*Cardenio entre Cervantès et Shakespeare. Histoire d'une pièce perdue*, Gallimard, París, 2011].

Close, Anthony, *La concepción romántica del «Quijote»*, Crítica, Barcelona, 2005 [*The Romantic Approach to «Don Quijote»*, Cambridge University Press, Cambridge, 1978].

Colahan, Clark, «Desde la 'cobardía' de Cardenio a la 'timidez' de Alonso Quijano», *Neophilologus*, 91 (2007), pp. 439-444.

D'Urfey, Thomas, *The Comical History of Don Quixote. Part I*, ed. Luca Baratta, trad. esp. Aaron M. Kahn y Vicente Chacón Carmona, Società Editrice Fiorentina (Recreaciones Quijotescas en Europa), Florencia, 2019.

Fielding, Henry, *Joseph Andrews*, Houghton Mifflin, Boston, 1961.

Fielding, Sarah, *The Adventures of David Simple, Containing An Account of his Travels Through the Cities of London and Westminster, In the Search of A Real Friend*, A. Millar, Londres, 1744-1753.

Fletcher, John, y Francis Beaumont, *El necio / The Coxcomb*, trad. esp. F. Borge, Luna de Abajo-GREC, Oviedo, 2023.

Folkenflik, Robert, « 'Shakespearesque': The Arden *Double Falsehood*», *The Huntington Library Quarterly*, 75, 1 (2012), pp. 131-143.

Freehafer, John, «*Cardenio*, by Shakespeare and Fletcher», *PMLA* 84, 3 (1969), pp. 501-513.

Gnutzmann, Rita, «*Don Quijote in England* de Henry Fielding con relación al *Don Quijote* de Cervantes», *Anales cervantinos*, 22 (1984), pp. 77-101.

Gross, Daniel M., *The secret history of emotion: from Aristotle's rhetoric to modern brain science,* University of Chicago Press, Chicago, 2006.

Hammond, Brean, «The Cervantic Legacy in the Eighteenth-Century Novel», en *The Cervantean Heritage: Reception and Influence of Cervantes in Britain*, ed. J. A. G. Ardila, Legenda, Londres, 2009, pp. 96-103.

Hammond, Brean (ed.), *Double Falsehood, or the Distrest Lovers*, Methuen Drama (The Arden Shakespeare), Londres, 2010.

Knowles, Jack, y J. M. Armistead, «Thomas D'Urfey and Three Centuries of Critical Response», *Restoration*, 8, 2 (1984), pp. 72-80.

Ley, Charles: véase Shakespeare y Fletcher, *Historia de Cardenio*.

Martínez Mata, Emilio, «Cardenio a la luz de Luscinda», *Bulletin of Hispanic Studies*, 92, 8 (2015), pp. 949-963.

—, «El *Quijote* en el nacimiento de la novela moderna: la interpretación satírica», en *Recepción e interpretación del Quijote*, ed. Emilio Martínez Mata y Pablo Carvajal Pedraza, Visor, Madrid, 2019, pp. 61-77.

—, «Las recreaciones teatrales en el examen de la recepción del *Quijote*», en *Admiración del mundo. Actas selectas del XIV Coloquio Internacional de la Asociación de Cervantistas*, ed. A. J. Sáez, Edizioni Ca'Foscari, Venecia, 2021, pp. 59-78.

—, «"Horror a la tiranía y al poder absoluto o arbitrario". Política y literatura en el contexto de la Ilustración radical: el círculo de Pierre Bayle», *Cuadernos Dieciochistas*, 23 (2022), pp. 325-350.

Motteux, Pierre, trad.: véase Cervantes, *Adventures of Don Quijote de la Mancha*.

Neuschäfer, Hans-Jörg, *La ética del «Quijote»,* Gredos, Madrid, 1999.

Oxford University, *The Catalogue of Graduats, &c. in the University of Oxford, continued from Oct. 10, 1770, to Oct. 10, 1782*.

Pardo García, Pedro Javier, «Formas de imitación del *Quijote* en la novela inglesa del siglo XVIII: *Joseph Andrews* y *Tristram Shandy*», *Anales cervantinos,* 33 (1995-1997), pp. 133-164.

—, «Reino Unido. *Don Quijote*», en *Gran Enciclopedia Cervantina*, XI, Madrid, Castalia, 2020, pp. 188-232.

Paulson, Ronald, *Don Quijote in England: The Aesthetics of Laughter*, The Johns Hopkins University Press, Baltimore, 1998.

Pujante, Ángel Luis, «El *Cardenio*, o los avatares de una obra perdida», *Monteagudo*, 10 (2005), pp. 51-63.

Radmussen, Dennis C., *El infiel y el profesor. David Hume y Adam Smith, la amistad que forjó el pensamiento moderno*, Arpa, Barcelona, 2018.

Riley, Edward C., *Cervantes's Theory of the Novel*, Clarendon, Oxford, 1962 [*Teoría de la novela en Cervantes*, Taurus, Madrid, 1966].

Shaftesbury, Anthony Ashley Cooper, Earl of, *Characteristics of Men, Manners, Opinions, Times, etc.*, ed. J. M. Robertson, Peter Smith, Glouster, 1963, 2 vols.

Shakespeare, William, y John Fletcher, *Historia de Cardenio*, trad. Charles Ley, Rey Lear, Madrid, 2007 [1987].

Skinner, John, «*Don Quijote* in 18th Century England: A Study in Reader Response», *Cervantes*, 7, 1 (1987), pp. 45-57.

Smith, Adam, *Theory of Moral Sentiments*, Penguin, Londres, 2010 [*La teoría de los sentimientos morales*, Alianza, Madrid, 1997] [1759].

Smollett, Tobias George, trad.: véase Cervantes, *The History and Adventures of the renowned Don Quijote*.

Somerset Standard Village Histories, 1, Nunney, 1887.

Staves, Susan, «Don Quijote in Eighteenth-Century England», *Comparative Literature* 24, 3 (1972), pp. 193-215.

Stern, Tiffany, «The Forgery of some modern Author?: Theobald's Shakespeare and Cardenio's *Double Falsehood*», *Shakespeare Quarterly*, 62, 4 (2011), pp. 555-593.

Tave, Stuart M., *The Amiable Humorist*, The University of Chicago Press, Chicago, 1960.

Theobald, Lewis, *Double Falsehood, or the Distressed Lovers*, ed. Brean Hammond, Methuen (Arden Shakespeare), Londres, 2010.

Wilson, E. M., «Edmund Gayton on Don Quijote, Andrés, and Juan Haldudo», *Comparative Literature*, 2 (1950), pp. 64-72.

Whitchurch, James Wadham, *Don Quixote, A Comedy*, Houghton Library, Harvard University, MS Eng 1367. Ed. Emilio Martínez Mata y Clark Colahan, *Harvard Library Bulletin*, 27, 3 (2016 [2019]), pp. 1-119.

—, *An Essay upon Education*, T. Becket and P.A. de Hondt, in the Strand, London, 1772.

DON QUIJOTE,
COMEDIA

A partir de Cervantes

Mixtoque insania luctu[1]

Prólogo

El poeta de esta noche no trae nada nuevo.
Lo que antes dibujó el gran Cervantes, solo eso.
Aun así, espera que lo que en todo tiempo ha agradado
sobre la escena británica pueda ser aprobado.
Que el aspirante poeta en vano no *espere*.
Que recoja el aplauso (pues mucho teme).
Alrededor del mundo ha volado, a todas lenguas vertida,
la historia del caballero de la Mancha, bien conocida.
 Y si pudiera el relato este honor alcanzar,
la escena británica podría adornar.
«Es antiguo —decís— y tedioso por tanto.
Deberías tenernos de expectación colmados».
Es antiguo, concedo, pero también lo es el fuego de Homero,
la melodiosa lira de Virgilio y de Horacio el ingenio.
Si las señales del genio en cada página brillan,
bellezas tan firmes el tiempo no marchita.
Como cuando contemplamos de Tiziano las viejas pinturas,
donde el brillante colorido no ha perdido su frescura.
La historia, sencilla, y las figuras, escasas,
y aún encontramos algo nuevo al contemplarlas.
Sea así para ustedes.[2] El poeta su juicio teme,
de ahí que a las bellas su causa encomiende.
Les ruega no se disgusten ante la visión
de un pobre y débil caballero de piel curtida por el sol,
de los brazos de Dulcinea por el duro destino arrancado
y de la celestial belleza de sus encantos privado.

---

[1] «Y, con mezcla de dolor, locura». El epígrafe procede de la *Eneida* virgiliana (X, 871) y se refiere a Turnus, el héroe con quien lucha Eneas por la disputa de la región italiana donde se fundaría Roma. La frase completa sería: *aestuat ingens / uno in corde pudor mixtoque insania luctu* («y en su solo corazón se agitan gran vergüenza y, con mezcla de dolor, locura»).

[2] El autor se dirige a los componentes del público que pudieran criticar con excesiva severidad los defectos de la obra.

Dramatis Personae

DON QUIJOTE DE LA MANCHA ...... Caballero andante

SANCHO PANZA .... Su escudero

DON FERNANDO .... Un grande de España

CARDENIO .... Un caballero español

FRANCISCO .... Un benedictino

BERNARDO... Un mesonero

ARVIRAGUS[3]

COLIN[4]

SYLVIUS[5] .... Pastores

AMYNTAS[6]

RODRIGO .... Asistente de Francisco

LEONORA .... Hija de un noble español

DOROTEA .... Una dama española

ANTONIA .... Esposa de Bernardo

CLARA .... Criada de Antonia

CRIADOS, ASISTENTES, etc., etc.

La escena en España.

---

[3] Aviragus era un legendario rey británico del primer siglo d. C. Por ello, el nombre connota un pasado británico primigenio.

[4] Colin, nombre dado muchas veces a pastores en canciones y en la literatura británica, representa una forma anglosajona del nombre gaélico *Cailean* o *Coileáin*, con el significado de 'cachorro', de oso o de perro.

[5] Sylvius es un nombre latino que significa 'del bosque'.

[6] Amyntas era un antiguo rey pastor griego. Estrabón escribió que al principio poseía Licaonia, donde mantenía más de trescientos rebaños.

PRIMER ACTO

ESCENA PRIMERA

Un bosque. Entran DON QUIJOTE *y* SANCHO.

DON QUIJOTE Sancho, deja que Rocinante paste bajo aquel árbol frondoso el florido herbazal del campo.

SANCHO Cuerpo de tal,[7] señor, no hay peligro de que la pobre bestia se harte en ese florido lodazal de que habla.

DON QUIJOTE Sancho, eres un hombre honesto, pero un mostrenco incorregible. No tienes nociones fuera de lo vulgar. Dije «el florido herbazal del campo», significando así la hierba, y hablando con licencia poética.

SANCHO No es para tanto, señor. Puede que yo solo sea un mostrenco o un palurdo, como se podría decir, pero quiero que sepa bien claro que sé qué es cada cosa, y que siempre he mirado por lo que más importa.

DON QUIJOTE Está bien. Pero debes saber que ahora he llegado a esta inmensa montaña, la cual se llama, si no me equivoco, Sierra Morena. Estoy embelesado y siento un deleite que me era por completo desconocido.

SANCHO ¿Cómo, señor? ¿Tan pronto se ha olvidado vuesa merced de la paliza que sufrió a manos de los oficiales de la Santa Hermandad cuando puso en libertad a los galeotes?

---

[7] En el original, *odsnigs*. Emplea Sancho varios modismos coloquiales que empiezan con *od-*, definidos por el *Oxford English Dictionary* como «un sustituto eufemístico por *Dios* en fórmulas de aseveración o exclamación. Ahora arcaico y regional». El significado preciso de *nigs* y *niggers* en dichas expresiones se desconoce, si bien unos paralelos de la época sugieren que se refiere a alguna parte del cuerpo de Dios.

DON QUIJOTE No, no lo he olvidado. El peligro que afronté no hizo ninguna mella en mí. Es la negra ingratitud de esos viles y degenerados monstruos a quienes había socorrido la que me lastima al recordarlo.

SANCHO ¡Por los clavos de Cristo, señor! Pero hicieron mella en mis espaldas, y si no me equivoco, una nada ligera en las suyas.

DON QUIJOTE No me recuerdes los males pasados, pues, cuando quedan en el olvido, es como si nunca hubieran existido.

SANCHO ¿Es eso verdad? Tal vez no siempre podamos olvidar los males tan pronto como quisiéramos.

DON QUIJOTE Las almas que rezongan tanto como la tuya han de sostener para siempre el peso de sus preocupaciones. Los varones de sentimientos más refinados y conceptos más elevados buscan ayuda en la filosofía, si bien esta se muestra a veces ineficaz. Pero es ese un bien que supongo no posees ni deseas poseer.

SANCHO Ah, señor, ahora habla vuesa merced con más sentido. Se me hace que ni tengo, ni quiero, nada de tal *flosafía*, pues siempre he visto que no le hace ningún bien a nadie. Jamás se consigue nada con ella, y ya sabe que lo que vale cualquier cosa es el provecho que se puede sacar de ella. Además, he visto siempre, como digo, que la tal *flosafía* siempre le mete en la cabeza al hombre alguna quincalla que no estaba allí antes.

DON QUIJOTE Pero volvamos al tema de nuestra conversación. Como yo decía —déjame ver, ¿qué decía?—… Ah, decía que el embeleso me embargaba al verme en los escarpados y casi inaccesibles retiros de esta vasta montaña, lo cual halaga mi ambición brindándole la esperanza de nuevas aventuras que señalen mi valentía.

SANCHO *(Aparte).* Válgame Dios, y líbrenos de más venturas, digo yo.

DON QUIJOTE En efecto, estos anchurosos yermos traen a mi memoria las maravillosas hazañas de Amadís, Belianís, Orlando y otros caballeros andantes logradas en tales soledades y recogidas por escrito por los mejores y más sublimes autores de todas las edades.

SANCHO Por mi parte, no me disgustarían estas soledades si, en lugar de estos enormes robles, hubiera un poco más de alegría, más sustento a mano para la panza.

DON QUIJOTE El sustento para la panza, como lo llamas tú, parece acaparar toda tu atención. Por consiguiente, siempre que estés oprimido por el hambre, sería de mi agrado que, sin esperarme, satisficieras los anhelos de tu apetito, atiborrando tus voraces fauces. En lo que a mí me toca, los pensamientos que me sugiere a la imaginación este tierno escenario me resultan más gratos que la mesa más lujosa, puesto que le brindan a uno un entretenimiento más refinado.

SANCHO Humildemente le doy las gracias a vuesa merced por el buen consejo que me acaba de dar. No dejaré de recordarlo mientras quede una corteza de pan en mi bolsa. Pero por el momento acabo de cuidar bien de este compadre.

DON QUIJOTE Es seguro que no has sido mezquino en lo que toca ese punto. Eres demasiado sensible en lo que concierne a la conservación de tu propio pellejo.

SANCHO Pues mire vuesa merced. Siempre he tenido el suicidio como el más escandaloso y horrible delito. Se me enfría la sangre al pensarlo. Y sostendré que es la misma cosa que un hombre ponga fin a su vida aguantando que se le pudran en la molleja las penas de amor, o alguna otra tontería por el estilo, o metiéndose una bala o negándose la comida y el descanso, como hace vuesa merced demasiado a menudo, corriendo tras las venturas donde la desventaja es de diez a uno y siempre le toca lo peor, o por fin arrebujándose el cuello con una soga de cáñamo.

DON QUIJOTE No digas ni una palabra más, Sancho, porque has expresado tu opinión sobre este importante tema empleando la más consumada elocuencia. Apruebo tus pareceres en lo que concierne al asunto principal, pero no quisiera que degenerasen en un apocamiento pueril que pudiera incapacitarte para encontrarte con cualquier aventura peligrosa por motivo de la aprensión o probabilidad de la muerte. Porque en una causa justa el desprecio de la muerte no solo es permisible, sino que es sumamente necesario. Además, la Antigüedad nos provee de numerosos ejemplos, no solo de hombres que han muerto para salvar su patria, sino de los que han sido incapaces de sobrevivir a su ruina.

SANCHO ¿Pero hubo alguna vez alguno que de veras se matara por esa razón?

DON QUIJOTE Sí, el ilustre Catón permanecerá como memorable ejemplo de esto para las edades futuras. Al ver a su patria irremediablemente perdida, incapaz de sobrevivir a la caída de Roma, aplicó el mortífero puñal al pecho, exclamando:

> Estoy mortalmente enfermo. ¿Cuando me libraré
> de este vano mundo, morada de culpa y de pesar?

No obstante, cuando había llevado a cabo la acción, se estremeció al pensarlo.

> ¡Ay de mí! Temo haberme precipitado.
> Oh vosotros, poderes que escudriñáis
> el corazón del hombre y sopesáis sus más íntimos
>   pensamientos,
> si he procedido equivocadamente, no lo atribuyáis
>   a mal.
> Hasta los mejores pueden errar.

SANCHO Se me ocurre que a este Catón lo tuvieron algún tiempo a dieta. Pues dice, «estoy mortalmente enfermo». Ay, ay, es un caso claro. No le dieron más que gachas aguadas, una bazofia que le daría ascos a cualquiera.

DON QUIJOTE Creo que te imaginas que no hay mal sobre la faz de la tierra que no se cure comiendo bien.

SANCHO Pues déjeme vuesa merced que le diga que el comer bien hace mucho. Pero puede ser que fuera pobre y no pudiera conseguirlo.

DON QUIJOTE No, era rico, un hombre pudiente. No se puede suponer que estuviera necesitado de nada.

SANCHO Entonces, fíese de mí, señor, no era ningún mago. Le aseguro que tenía una despensa bien abastecida y unos veinte o treinta pellejos de buen vino en su bodega. Ahora, si no hubiera dado cuenta de estos antes de emprender la cosa, doy fe de que nunca habría llevado a cabo su loca empresa, ni salido del mundo temblando tanto.

DON QUIJOTE Si yo estuviera dispuesto a sufrir tus impertinencias, parlotearías eternamente. Por lo tanto, te ordeno que por el momento cierres los labios y me sigas en silencio, mientras yo hago un reconocimiento de estos parajes sombríos y solitarios, donde tal vez descubra alguna ermita o el castillo de algún encantador donde pueda resaltar mi valentía y poner en libertad a alguna doncella cautiva.

SANCHO Señor, haré todo lo que pueda.

DON QUIJOTE Ven, entonces.

Salen.

ESCENA SEGUNDA

Una cabaña de pastor. Entran en escena
ARVIRAGUS, COLIN, SYLVIUS.

ARVIRAGUS No se me ocurre cuál sería la causa de su locura, pero sin lugar a dudas está tan loco como una cabra.

SYLVIUS Me viene a la mente que es el amor el que ha puesto fuera de sí al pobre caballero, ya que de vez en cuando le he oído cantar de forma lastimera. En un momento huye de todo el que ve, en otro se nos acerca y habla con mucha cortesía. A veces habla consigo mismo y otras se queda mirando el suelo una hora entera, suspirando y llorando y luego, cerrando los puños y frunciendo el ceño, grita «¡Vil Fernando!».

ARVIRAGUS Quién o qué será, no lo sé. Pero su comportamiento cortés y el traje que llevaba cuando lo vimos por primera vez indican que es una persona distinguida.

SYLVIUS Muy cierto. Al llegar aquí mostraba la apariencia de un caballero, pero el traje que en aquel entonces llevaba puesto se ha hecho harapos, por lo que le dio Colin el vestido y sombrero de bobo con que nos divertimos en nuestras fiestas, que le dan una apariencia muy ridícula, aunque conserva cierto aire de dignidad y un comportamiento que me convencen de que es de noble linaje.

COLIN Se encontró conmigo hace pocos días, y ¿qué te imaginas que dijo?

ARVIRAGUS No me lo puedo imaginar.

COLIN Pues se puso lindamente sobre una rodilla de una forma muy gentil y dijo: «Gracias por este traje, me sienta bien. Es el variopinto emblema de mi mente, toda remendada, toda confusa».

SYLVIUS Se me hace que ojalá pudiéramos llevarlo a la aldea de al lado, donde lo podrían cuidar como es debido, y sus amigos, quienes sin duda lo están buscando, podrían saber de él de nuevo.

ARVIRAGUS Desearía que se pudiera hacer lo que dices, pero en los ataques de frenesí que le dan desvaría como un loco, y es peligroso acercarse a él. Una vez se lanzó sobre mí cuando le llevé algo de comer, y a fe que pensé que me derribaba. Al día siguiente me vio y lloró como un niño por lo que había hecho, rogándome que le perdonara, ya que sospechaba que a veces no se portaba tal como debía.

COLIN Quería que llevara sus provisiones al tronco de un árbol hueco cerca de una antigua cueva, donde en sus momentos de cordura estaría seguro de encontrarlas. Porque me dijo: «Me temo que a veces es arriesgado encontrarse conmigo». Pero ahora que hablamos del pobre caballero, ahí viene.

Entra CARDENIO.

CARDENIO Creo firmemente, mis generosos benefactores, que todas las virtudes que adornan al hombre han abandonado la raza humana para morar dentro de vuesas mercedes. Del mundo algo he visto, lo suficiente para conocer su vileza. En las ciudades se encuentran formas deslumbrantes, engañosas, de la amistad y la benevolencia, pero allí es todo oropel. Si se cree a los sentidos, son todos amigos, pero si esperas a saberlo a ciencia cierta, son todos rivales. En los bosques y las soledades no transitadas se encuentra el mérito auténtico y la inocencia sin malicia. Aquí, ignorado, yace el tosco diamante sin pulir.

SYLVIUS Si no le hubiéramos proporcionado a vuesa merced lo necesario para sustentar la vida, no habríamos merecido llamarnos hombres. Los buenos oficios que le hemos hecho son insignificantes, no vale la pena siquiera mencionarlos.

Pero como sinceramente nos compadecemos de vuestra infeliz situación, estamos dispuestos a hacerle cualquier servicio que se encuentre a nuestro alcance.

CARDENIO A cambio no les puedo ofrecer más que las gracias.

ARVIRAGUS No deseamos más.

CARDENIO ¿No han visto hoy nada fuera de lo común?

PASTORES No.

CARDENIO Pues yo sí.

COLIN ¿Qué puede ser?

CARDENIO A decir verdad, no puedo explicarlo bien.

ARVIRAGUS ¿Pero qué parecía?

CARDENIO Pues, *parecían* ser dos hombres. Pero qué figuras más extrañas. Ja, ja, ja.

SYLVIUS ¿Los vio a distancia?

CARDENIO A cierta distancia, pero lo bastante cerca como para percibir que uno de ellos llevaba armadura y parecía ser de esa orden que se describe en las novelas, llamada de la caballería andante.

COLIN Vayamos todos a verlo.

ARVIRAGUS ¿Y descuidar nuestros rebaños?

COLIN Pues sí, es cierto. No caí en ello.

CARDENIO Tengo tanta curiosidad que me comprometo a encontrarlos y traeros una fiel información. Así que os acompañaré hasta aquella colina, bajo la cual están pastando vuestros rebaños, y por donde guiaron ellos sus pasos.

Se van.

ESCENA TERCERA

Una venta al lado de Sierra Morena.
Entra ANTONIA.

ANTONIA ¡No me hables de caballeros andantes! Ni uno de ellos entrará de nuevo en mi casa si no viene acompañado por gente que pague por sus extravagancias.

CLARA Pues, señora, el pobre caballero está más para ser compadecido que regañado. Me dicen que está trastornado.

ANTONIA Eso dice mi marido, pero él, pobre hombre, no sabe nada del asunto. Si estuviera loco, habría mirado la suma de una cuenta tan larga como mi brazo y la habría pagado al instante. En lugar de eso, llamó castillo a mi casa y alcaide a mi marido. Después, sin pagar ni un maravedí, se marchó a caballo.

CLARA Sin duda, señora, debe estar un poco chalado, ¿no?

ANTONIA Si algo pudiera convencerme de eso, sería el haber llamado a mi marido *señor del castillo.* ¡Vaya hombre para ser alcaide!

CLARA No hace mucho (decía alguien) que poco después entraron aquí dos señores en su búsqueda.

ANTONIA No me digas. Si se presentan otra vez, no dejes de darles todos los detalles, diciéndoles con cuanto cuidado atendí al pobre caballero. Pero ni una palabra de que pasó toda la noche en el patio montado en el caballo.

CLARA Claro que no, señora. *(Sale).*

ANTONIA Déjame ver. Empiezo a sospechar que el caballero está un poco perturbado. Seguro que a nadie que estuviera en su sano juicio se le habría ocurrido llamar a mi marido *alcaide. (Sale).*

ESCENA CUARTA

Un bosque. Entran DON QUIJOTE *y* SANCHO
trayendo un portamanteo.

DON QUIJOTE Tráelo acá, Sancho, y examinaremos su contenido.

SANCHO ¡Benditos sean mis ojos! Y ahora, cielos, os doy las gracias por enviarnos, por una vez en la vida, una ventura tan afortunada.

DON QUIJOTE *Aventura* debes decir.

SANCHO Ay, ay, aventura, o mala ventura. Estoy seguro de que no nos han tocado sino las malas hasta ahora, pero esta compensa el resto.

DON QUIJOTE ¿Por qué, qué tienes ahí?

SANCHO Una bolsa de oro que estimo en unos cien ducados.

DON QUIJOTE ¿Hay algo más?

SANCHO Un fino corbatín, por lo que supongo que había alguna ropa de calidad.

DON QUIJOTE ¿Y nada más?

SANCHO Nada más que un cuaderno, ricamente guarnecido.

DON QUIJOTE Entonces dame eso, y quédate tú con el oro.

SANCHO Que los cielos se lo paguen a vuesa merced. *(Se lo da).*

DON QUIJOTE Me imagino que alguien, perdido el camino en esta sierra, se ha encontrado con ladrones, que le habrán asesinado y enterrado su cuerpo por aquí cerca.

SANCHO Seguro que vuesa merced está equivocado, ya que siendo salteadores no habrían abandonado tanto botín.

DON QUIJOTE Tienes razón, y por lo tanto no puedo imaginarme lo que ha ocurrido. Pero espera, revisaré el cuaderno, puede que descubramos algo escrito en él que nos ayude a averiguarlo. Primero, entonces, leeré este papel:

¿De Filis? No, ¿por qué vacilo? Males
tan crueles nunca se jactan de una causa tan dulce,
ni de los dioses tales tormentos sufrimos.
Que la muerte, pronto, pronto sea mi zozobra.
Cuando así males ocultos padecemos,
lo más breve es perder toda esperanza.

SANCHO Que me aspen si algo puede sacarse de esto sin saber quién es este Félix.

DON QUIJOTE No leí *Félix*, sino *Filis*.

SANCHO Ah, entonces tal vez el hombre haya perdido su potranca.[8]

DON QUIJOTE Filis es el nombre de una dama, amada por el autor de este soneto, quien ciertamente parece ser un aceptable poeta, si yo tengo algo de juicio.

SANCHO ¿Entonces vuesa merced entiende también de hacer versos?

DON QUIJOTE Sí entiendo, y mejor de lo que tú te imaginas. Tengo que decirte, amigo Sancho, que todos los caballeros andantes, o al menos la mayor parte, eran antaño grandes poetas y músicos, siendo estas condiciones, o por mejor decir, estos dos dones o talentos, casi inseparables de las aventuras amorosas. Si bien tengo que confesar que los versos de los caballeros de antaño no son, ni con mucho, tan pulidos, ni tan adornados con palabras como con pensamientos e invenciones.

---

[8] Juego de palabras intraducible basado en la semejanza fónica de *Filis* con *filly-foal* ('potrilla').

SANCHO Buen señor, mire otra vez dentro del cuaderno. Pudiera ser que encuentre alguna cosa que le informe de lo que quiere saber.

DON QUIJOTE ¡Déjame ver! Aquí hay algo en prosa, y creo que es el esbozo de una carta de amor.

SANCHO Léala vuesa merced en voz alta, puesto que disfruto extremadamente escuchando historias de amor.

DON QUIJOTE *La falsedad de tus promesas, y mi desesperación, me alejan apresuradamente de ti para siempre, y antes sabrás las noticias de mi muerte que el motivo de mis quejas. Me has dejado, bella ingrata, por otro más rico, ciertamente, pero no más merecedor que tu abandonado esclavo. Si fuera la virtud estimada por tu insensato género femenino como un tesoro tasado en lo que vale, debo suponer que no tendrías motivo para envidiarles a otros su riqueza, ni para llorar ninguna desventura. Lo que tu hermosura elevó, tus obras han derribado. Aquella me hizo tomarte por un ángel, pero estas me convencen de que eres de verdad una mujer. No obstante, oh hermosa perturbadora de mi paz, que el descanso ininterrumpido y el mullido ocio acaparen tus horas de felicidad, y que los indulgentes cielos oculten aún la perfidia de tu marido, para que no le cueste a tu corazón arrepentido ni un solo suspiro por la injusticia que has hecho a un amante tan fiel, impulsándome así a una venganza que no quiero tomar. Adiós.*

Esta carta no nos aclara más extensamente las cosas que quisiéramos saber. Lo único que puedo inferir de ella es que la persona que la escribió era un amante traicionado.

SANCHO Muy probable, señor.

DON QUIJOTE Sin embargo, estoy resuelto a encontrar a esa infeliz criatura, aunque tuviera que dedicarle un año entero a la búsqueda, y con tal propósito tú, Sancho, has de explorar un lado de la montaña mientras yo rastreo el otro.

SANCHO En verdad, vuesa merced tiene que excusarme en cuanto a eso, ya que yo, si me ofreciera a alejarme de vuesa merced una pulgada, del miedo perdería mis sentidos. Y que sirva de advertencia en lo sucesivo para que no me envíe lejos de su presencia ni el ancho de una uña.

DON QUIJOTE Pues tendré en cuenta esta cuestión, y no me disgusta, Sancho, verte así depender de mi valentía, que nunca te ha de fallar, como me atrevo a asegurarte, aunque tu alma misma se saliera del cuerpo por el susto recibido. Sígueme, luego, paso a paso con tanta prisa como cuadre con la velocidad adecuada, y que tus ojos escudriñen todo mientras revisamos por todas partes este peñasco, donde es probable que encontremos al miserable mortal quien sin duda es el dueño del portamanteo.

SANCHO ¡Vive Dios! Señor, me gustaría alejarme de él, porque si le encontráramos, será un caso claro. Me veré obligado a despedirme del dinero. Y por eso creo que es mucho mejor, sin darle tanta importancia, que yo me quede con él *bona fide* hasta que podamos dar con el justo dueño de alguna forma más fácil y sin ir danzando tras él, lo cual podría no ocurrir hasta que hubiéramos gastado todo el dinero, y con eso quedaría libre de la obligación y podría él esperar sentado.

DON QUIJOTE Te equivocas, puesto que viendo que tenemos motivo para pensar que sabemos quién es el dueño, estamos en conciencia obligados a encontrarle y restaurárselo. Además, si no nos esforzáramos por encontrarlo, la fuerte presunción que tenemos de que los bienes le pertenecen nos haría poseedores de ellos *mala fide* y nos hace tan culpables como si el sujeto que sospechamos fuera el dueño legítimo. Por lo tanto, que no te disguste buscarle, ya que si le encontramos, me tranquilizaría muchísimo.

Se oye silbar entre bastidores.

SANCHO ¡Atención! ¿Qué es eso?

DON QUIJOTE Un pastor que va silbando, por no tener en qué pensar.

SANCHO Iré a buscarle.

DON QUIJOTE Hazlo, y tráele acá.

SANCHO ¡Ahí está! *(Gritando).* ¡Señor, señor!

AMYNTAS *(Detrás del escenario).* ¿Quién va?

SANCHO El Caballero de la Triste Figura y su escudero.

AMYNTAS *(Entra).* ¡El Caballero de la Triste Figura, verdaderamente! ¿En qué puedo servir a vuesa merced?

DON QUIJOTE No lejos de aquí encontramos un portamanteo.

AMYNTAS Y díganme, buena gente, si han encontrado a su dueño por el camino.

DON QUIJOTE No hemos encontrado a nadie.

AMYNTAS Pues yo he visto ese mismo portamanteo, también, pero nunca me atreví a trastear en él, ni siquiera a acercarme, por miedo de alguna fechoría, no fuera que me acusaran de haber robado algo de él. ¿Quién sabe qué puede pasar? El diablo es ingenioso y a veces pone cebos en nuestro camino para tentarnos o algún obstáculo para que tropecemos.

SANCHO Así pasó conmigo, buen hombre, ya que también vi yo el portamanteo, ¿sabe? Pero ni un condenado paso daría hacia él. No, allí lo encontré, y allí lo dejé. A fe que, por mí, yacerá allá para siempre. Al que roba un cabestro, le descubren por la esquila.

DON QUIJOTE Dime, honrado amigo, ¿sabes quién es el dueño de esas cosas?

AMYNTAS Todo lo que sé del asunto es que hace ahora diez días, poco más o menos, llegó a cierta majada a unas tres leguas de aquí un verdadero caballero, joven y buen mozo, bien vestido, sobre una mula, aquella que yace muerta cerca de aquí con el portamanteo que decís haber encontrado. Nos preguntó cuál era la parte más desierta y menos frecuentada de estas montañas. Y le dijimos que esta donde estamos ahora, y esa es la pura verdad, porque si os atrevierais a seguir adelante media legua más, apenas podríais volver, ni siquiera con gran esfuerzo. Y me maravillo de que llegara tan lejos como hasta aquí, ya que no hay ni camino ni senda que pueda guiar a un hombre por esta zona.

DON QUIJOTE Bien, pero sigue.

AMYNTAS En cuanto el joven caballero oyó nuestra respuesta dio media vuelta en su mula y se encaminó al sitio que le enseñamos, dejándonos con gran agrado de su donaire y extrañamente maravillados por su pregunta y por la prisa con que se encaminó al interior de la sierra. Después, no supimos más de él en mucho tiempo, hasta que un día, por casualidad, al pasar por ahí uno de los pastores, le atacó sin decir razón ni motivo, golpeándole sin piedad. Después fue al jumento que nos llevaba la comida y, llevándose todas nuestras provisiones, se volvió a la montaña con asombrosa rapidez. Al saber de esto, un buen número de nosotros decidimos buscarle, y después de pasar casi dos días en lo más intricado del bosque le encontramos al fin, oculto en el hueco de un enorme alcornoque, de donde salió a recibirnos tan manso como una oveja. Pero venía tan cambiado, la cara tan desfigurada, flaca y quemada por el sol que, si no fuera por su vestimenta, que reconocimos a pesar de estar hecha harapos, no podríamos haber pensado fuera la misma persona.

DON QUIJOTE ¿Y qué pasó después?

AMYNTAS Pues nos saludó cortésmente y nos dijo en pocas palabras que no nos maravilláramos al verle de esa manera, puesto que era preciso que así estuviera para cumplir una penitencia que se le había impuesto por los grandes pecados que había cometido. Le rogamos que nos dijera quién era, pero no quiso hacerlo de ningún modo. De igual manera le pedimos nos dijera dónde lo podríamos encontrar, para que siempre que quisiera provisiones pudiéramos llevarle algunas, lo que tendríamos cuidado de hacer al ver que de otro modo se moriría de hambre en ese yermo, pidiéndole que si no le gustara esa idea tampoco, al menos nos viniera a pedir lo que quisiera en lugar de tomarlo por fuerza, tal como había hecho.

DON QUIJOTE ¿Qué respuesta dio?

AMYNTAS Nos agradeció de corazón la oferta y nos pidió perdón por el daño hecho, prometiendo pedírnoslo de allí en adelante como limosna, sin acometer a nadie. En cuanto a su morada, nos dijo que no tenía ninguna fija, sino que dondequiera que le anocheciera allí se acostaba. Y dio fin a su discurso con tan amargos lamentos que habríamos tenido el corazón de piedra si no nos conmoviera ni le compadeciéramos, principalmente al considerar que le veíamos tan extrañamente cambiado de cómo le habíamos visto antes, pues, como dije, era muy buen mozo y por su habla y proceder podíamos adivinar que era de buena sangre y estilo cortesano. Tal era su gentil comportamiento, que no podíamos dejar de apreciarlo aunque seamos unos palurdos.

DON QUIJOTE Buen hombre, soy propenso a la impaciencia. Por eso te ruego que no seas tan prolijo en tu narración.

AMYNTAS ¿Señor?

DON QUIJOTE No atestes la narración con tantos circunloquios.

AMYNTAS Le pido perdón, soy un ignorante y no entiendo lo que vuesa señoría quiere decirme.

DON QUIJOTE Quiero decir que no debes meterte en tanto cómo y por qué, sino ir al grano.

AMYNTAS Pero señor, ¿cómo quiere que cuente una historia?

SANCHO Ay, señor, ¿cómo quiere que cuente una historia? Porque es justo de esa manera que se cuentan las historias en mi patria, y no hay otra forma de contarlas. Tampoco es justo que vuesa merced nos obligue a seguir nuevas costumbres.

DON QUIJOTE Bien, bien. Sigue conforme a tu propio método.

AMYNTAS Déjeme ver, ¿dónde lo dejé? ¡Ah! Mientras nos hablaba, se paró de repente, como si hubiera quedado mudo, fijando los ojos resueltamente en el suelo, lo que nos dejó a todos confundidos. Después de mirar fijo un buen rato, cerró los ojos y luego los abrió de nuevo, se mordió los labios, frunció el ceño, cerró los puños, y después, levantándose del suelo en el que se había tirado un poco antes, se lanzó contra el hombre que estaba a su lado con tanta furia que si no le hubiéramos separado por la fuerza le habría matado a golpes y mordiscos, y todo el tiempo gritaba: «¡Ay, traidor Fernando! Aquí pagarás el mal que me has hecho. Tengo que hacer pedazos ese falso corazón tuyo», y bastante más que agregó, todo en censura del mismo Fernando.

DON QUIJOTE ¿Eso dices?

AMYNTAS Después de eso, huyó de nosotros de repente sin decir palabra, saltando matas y zarzamoras a tanto paso que nos fue imposible alcanzarle, de lo que sacamos en limpio que su locura le da por ataques, y que alguien llamado Fernando le había hecho una mala jugada que le había llevado a ese estado. A decir verdad, señores, otros tres amigos míos y yo nos pusimos de acuerdo ayer para ir en su búsqueda para llevarle, de buena manera o por fuerza, a una población vecina donde haremos que se le cure si es posible, o al menos sabremos qué cosa es él cuando vuelva en sí, y si tiene algunos amigos con quienes pudiera retornar.

DON QUIJOTE La relación que has hecho, honrado amigo, es muy sorprendente.

AMYNTAS Esto es todo lo que sé del asunto, y me atrevo a asegurarle que el hombre que he descrito es el dueño de las cosas que vieron en el camino.

DON QUIJOTE Tu historia ha encendido la llama de mi curiosidad, y brilla tanto como para iluminarme el camino.

SANCHO Pero, señor, no hace falta ni candela ni linterna, es pleno día.

DON QUIJOTE Permanece mudo, polvorín de impertinencias.

AMYNTAS Si tenéis ganas de ver al pobre loco desdichado, haré todo lo posible por mostrároslo.

DON QUIJOTE Estoy resuelto a verle aunque tuviera que atravesar toda la faz de la tierra en su busca.

SANCHO (Aparte). ¿También yo?

AMYNTAS Vengan ahora conmigo y, si nos sonríe la suerte, puede que le encontremos pronto.

DON QUIJOTE Dondequiera que nos guíes, estoy dispuesto a seguirte.

Salen.

FIN DEL PRIMER ACTO

SEGUNDO ACTO

ESCENA PRIMERA

Entrada de un bosque. Entran
Francisco y Rodrigo.

FRANCISCO ¡Mira bien, Rodrigo! ¿No responde la entrada de este bosque a la descripción que se nos dio de ella?

RODRIGO Perfectamente. Pero me temo que la noticia nos haya llegado demasiado tarde.

FRANCISCO Como dices, hay motivos para temer que nuestro amigo pueda haber salido de este bosque con la misma precipitación con que entró en él puesto que solo va buscando aventuras y se guía en sus movimientos nada más que por su irresponsable locura.

RODRIGO Si es así, nuestro trabajo es tiempo perdido.

FRANCISCO La única circunstancia que me da esperanzas de que no haya salido de este bosque es el vasto escenario novelesco que tan a menudo se le presenta, lo cual sin duda se corresponde admirablemente con su exaltada imaginación.

RODRIGO Si fuéramos tan afortunados como para encontrarlo, la dificultad más grande para mí es cómo podremos atraerle a casa y convencerle para dejar su ocupación de caballero andante.

FRANCISCO Eso déjamelo a mí. Es una cuestión cuyo manejo requerirá mucha habilidad y un examen previo del grado de locura que haya alcanzado.

RODRIGO Ese asunto lo podréis manejar mucho mejor que yo, ya que creo que estáis algo familiarizado con las novelas y podéis dirigiros a él dentro del estilo hinchado y pomposo de tales libros.

FRANCISCO Dices bien. Si encuentro que tiene los sentidos irrecuperablemente perdidos, le tendré que engañar con las esperanzas de una aventura.

RODRIGO Vamos entonces. No perdamos más tiempo y emprendamos nuestra búsqueda.

ESCENA SEGUNDA

La venta. Entran BERNARDO *y* CLARA.

BERNARDO Ven, ven, picarilla. Confiesa que te citaste con el caballero.

CLARA ¿Quién, yo, señor? Dios mío, ¿cómo podríais pensar tal cosa?

BERNARDO Pues, niña, no es imposible; tú podrías sentir alguna ternura por el señor.

CLARA ¿Ternura? ¿Cómo, por alguien que tiene la cara como un pedazo de pergamino arrugado y lo bastante viejo como para ser mi abuelo?

BERNARDO Vamos, vamos, tampoco tan viejo. Ese señor no puede llevarme a mí muchos años.

CLARA ¡Dios mío, señor! Al lado suyo sois un hombre bastante joven.

BERNARDO En cuanto a mi naturaleza, niña, creo que lo que dices puede ser cierto, ya que me dicen que me conservo tolerablemente bien para alguien de mi edad. Pero basta de eso, debo saber la verdad de este asunto.

CLARA Pero, señor, no fue más que una broma que le hizo mi compañera, la criada Maritornes.

BERNARDO ¿Una broma que le hizo Maritornes? Ja, ja, ja. Entonces habrá sido muy divertida.

CLARA Lo fue, y lo oiréis.

BERNARDO ¡Buena chica!

CLARA Maritornes le había oído decir que seguiría toda la noche a caballo en el patio para guardar la casa, que llamó *castillo*, por nosotras, a quienes tomó por princesas.

BERNARDO Ja, ja, muy bien.

CLARA Cuando la familia estaba retirada, se asomó a la ventana y observó a la luz de la luna que él se había colocado cerca. Le habló con voz baja y le rogó que le permitiera besarle una de sus hermosas manos, para así satisfacer ese afán que la había llevado a esta ventana, con tanto peligro para su honor que si su señor y padre lo supiera, la menor tajada que le diera le cortaría una de sus orejas.

BERNARDO ¡Admirable!

CLARA «Me gustaría ver eso», le contestó el caballero, «a menos que tenga ganas de llegar al final más desastroso que jamás tuvo padre alguno por poner sus manos sobre los delicados miembros de su amada hija».

BERNARDO Dime, mujerzuela, ¿no participaste en este asunto?

CLARA No, se lo prometo. Solo se lo cuento palabra por palabra tal como me lo contó Maritornes.

BERNARDO Bueno.

CLARA No se demoró, sino que al instante se subió sobre la silla de su caballo para alcanzar la ventana, donde se imaginaba que estaba la enamorada doncella, y al darle la mano le dijo:

«No te la doy para que la beses, sino solo para que observes los nervios, los músculos y las espaciosas venas, por donde puedes colegir la fuerza del brazo que tiene tal mano». «Eso lo veremos pronto», se dijo a sí misma, y haciendo un lazo corredizo en un cabestro que tenía en la mano, atrapó con él la muñeca del caballero y ató el otro cabo a una punta.

BERNARDO Ja, ja, ja, ja.

ANTONIA *(Entre bastidores).* ¡Bernardo, Bernardo!

BERNARDO ¡Cuerpo de tal, ahí viene Antonia! Corre, vuela, picarilla! Si nos ve hablar juntos, se pondrá conmigo como un demonio.

Salen por separado.

ESCENA TERCERA

Un bosque. CARDENIO cruza el escenario y en el mismo entran DON QUIJOTE, SANCHO, AMYNTAS.

AMYNTAS Ahí va.

DON QUIJOTE Corre tras él e infórmale de que el valeroso don Quijote, de quien sin duda ha oído hablar, le espera aquí.

Sale AMYNTAS.

SANCHO Supongo, señor, que este será algún caballero andante.

DON QUIJOTE Supón mejor que eres un consumado alcornoque. ¿No te das cuenta de que va desarmado?

SANCHO Pues, señor, tenga cuidado. No juegue con herramientas afiladas. Le ruego que le hable con buenos modales y que ahora no acaben discutiendo.

DON QUIJOTE Te he dicho muchas veces, Sancho, y te vuelvo a decir, que debes refrenar o encerrar tu insolente y parlanchina lengua. Porque aunque no eres más que un torpe mostrenco, a veces tus maleducadas burlas escuecen demasiado. Pero, para el futuro, recuerda esto con todos tus cinco sentidos. Que todo lo que yo haga, haya hecho o hiciere no es más que el resultado de una madura reflexión, y se corresponde estrictamente con las leyes de la caballería, de la cual soy el más entendido de todos los caballeros que jamás hayan profesado la caballería andante.

Entran CARDENIO y AMYNTAS.

He aquí, señor, a un amigo de los desdichados.

CARDENIO Verdaderamente, señor, sea vuesa merced quien sea (puesto que no tengo el honor de conocerle), le estoy muy obligado por sus expresiones de cortesía y amistad, y desearía estar en condiciones como para convencerle, más allá de las palabras, del profundo sentimiento que me inspiran.

SANCHO *(Aparte).* Buen comienzo, mal final, dicen.

DON QUIJOTE ¿Es posible, señor, que no haya oído hablar de don Quijote de la Mancha?

CARDENIO Nunca, en efecto.

DON QUIJOTE En mí, señor, tiene delante a ese caballero, uno que siente de corazón un deseo de servirle tal que estaba plenamente resuelto a no partir de esta sierra hasta haberle encontrado para que me informara vuesa merced si las congojas que le han llevado a elegir este inusitado modo de vida no podrían admitir algún remedio. Porque si lo admitiesen, esté vuesa merced seguro de que no dejaré sin intentar ningún medio hasta que yo le haya conseguido el descanso que tan afectuosamente le deseo. O si sus desastres son de esa clase fatal que le excluyen para siempre de las esperanzas de consuelo o alivio, entremezclaré mis penas con las vuestras y, así, compartiendo vuestra carga de dolor, os ayudaré a soportar el opresivo peso de la aflicción. Porque el único consuelo del desdichado es tener compañeros en sus sentimientos. Entonces, si las buenas intenciones pueden ser dignas de mérito o de alguna compensación agradecida, déjeme rogarle, señor, por esa generosa naturaleza que resplandece a través de la tiniebla con que la adversidad ha nublado su atractivo exterior, permítame implorarle, por el adorado objeto de sus deseos, que me haga saber quién es vuesa merced y cuáles son las extrañas desgracias que le han llevado a retirarse de la conversación de sus prójimos para enterrarse vivo en esta horrible soledad, donde vive una desdichada existencia, extraño al descanso, a la humanidad entera y a sí mismo. Y solemnemente juro por la orden de la caballería andante, la cual profeso humildemente, que, si gratifica mis deseos, le ayudaré hasta el límite de mi capacidad o remediaré su infortunio si no está más allá de la posibilidad de reparación.

SANCHO *(Aparte).* ¡Que así lo permitan los cielos!

DON QUIJOTE O al menos compartiré su dolor y me esforzaré en aliviarlo mediante la camaradería en la tristeza.

SANCHO *(Aparte).* Para eso le daré permiso de todo corazón.

CARDENIO Si pretende, señor, que le informe de mis desventuras, tiene que prometerme de antemano no cortar el hilo de mi dolorosa narración con preguntas o cualquier otra interrupción, puesto que en el mismo momento que lo haga dejaré de hablar al instante.

DON QUIJOTE Por mi parte, puede estar seguro de una atención ininterrumpida.

CARDENIO Empleo esta precaución porque deseo ser breve en mi relato, puesto que el mismo recuerdo de mis desventuras pasadas me produce otra nueva, aunque le prometo no omitir nada que sea pertinente para que pueda recibir una relación tan plena de mis desgracias como percibo que desea.

SANCHO Y ahora a la historia.

AMYNTAS Honrado amigo, déjame que te avise de que guardes la lengua dentro de la boca o, si no eres capaz de eso, no hagas tus comentarios tan altos que le permitan al señor oírte hablar, ya que si le interrumpes —vive Dios— te puede ir mal.

SANCHO Ay, ay, no hace falta decirme nada sobre eso, que en boca cerrada no entran moscas. A buen entendedor, pocas palabras, y hombre apercibido, medio combatido.

CARDENIO Señor, mi nombre es Cardenio; el lugar de mi nacimiento, una de las mejores ciudades de Andalucía; mi linaje, noble; mis padres, ricos.

SANCHO *(Aparte).* Hasta aquí, todo bien.

CARDENIO Pero mis desventuras son tan grandes que sin duda han colmado a mis parientes de los más profundos dolores y no han de remediarse con la riqueza, puesto que los bienes de la fortuna sirven muy poco contra la ira de los cielos.

SANCHO *(Aparte).* Ay, ay, vamos, vamos, a muchos hombres, muchos pareceres.

CARDENIO En la misma población moraba la encantadora Leonora, la más bella criatura que jamás creó la naturaleza, igual a mí en linaje y fortuna, pero más alegre y menos constante. La amé, más bien la adoré, casi desde su niñez. Nuestros padres eran conscientes de esa temprana amistad, y no se oponían al crecimiento de esta inofensiva pasión, la cual comprendían no podía producir otras consecuencias más que una feliz unión matrimonial de nuestras familias, algo a lo que la igualdad de nuestros nacimientos y fortunas de hecho casi nos invitaba. Después, nuestros amores tanto crecieron con el paso de los años que el padre de Leonora, juzgando nuestra acostumbrada familiaridad perjudicial al honor de su hija o por algún otro motivo, me envió a decir que deseaba que interrumpiera mis frecuentes visitas a su casa. Pero este impedimento solo agregó impaciencia a nuestros deseos. Privadas nuestras lenguas ahora de su antiguo privilegio, recurrimos a nuestras plumas, las cuales adquirieron la mayor libertad para revelar los más ocultos secretos de nuestros corazones, puesto que la presencia del objeto amado con frecuencia aumenta cierta turbación y timidez que desordenan, confunden y vuelven mudo hasta al más apasionado amante. ¡Cuántas cartas le he escrito a esa linda encantadora y cuántos versos tiernos y conmovedores le he dirigido! ¡Qué amables aunque honestas correspondencias he recibido de ella, mutuas promesas de nuestro amor secreto e inocentes consuelos de una pasión desbordante! Al fin, languideciendo y consumiéndome por el deseo, privado del consuelo que reanimara mi alma, resolví apartar esos barrotes, mediante los cuales el cuidado y la honesta precaución de su padre impedían mi única felicidad, pidiéndosela en matrimonio. De muy buenas maneras me dijo que me daba las gracias por el honor que le hacía, pero que tenía yo un padre vivo cuyo consentimiento había de pedirse igualmente como el suyo, siendo la persona más idónea a quien hacerle tal propuesta. Le di las gracias por su respuesta comedida y pensé que llevaba cierta razón, seguro de que mi padre no podría hacer otra cosa que consentir a la propuesta. Por esto fui de inmediato a hablar con él con el propósito de rogarle su aprobación. Le encontré en su aposento con una carta abierta delante, la cual, tan pronto como me vio, me puso en la mano antes de que tuviera tiempo para hacerle saber mi asunto. «Cardenio», me dijo, «verás por esta carta la extraordinaria amabilidad que te muestra el duque Ricardo». Leí la carta y descubrí que contenía una oferta tan amable y ventajosa que no podía mi padre menos que aceptarla agradecido, ya que el duque le rogaba que me enviara a él con toda prisa para que fuera el compañero de su hijo mayor, prometiendo además colocarme en un puesto correspondiente a la buena opinión que tenía de mí. Esta noticia inesperada me dejó mudo, pero mi sorpresa y desilusión se volvieron mucho mayores cuando oí a mi padre decirme: «Cardenio, tienes que prepararte para partir dentro de dos días». Después me dio varios sabios consejos, tanto en función de padre como de hombre de negocios, y luego me dejó. El día fijado para mi viaje pronto llegó. Sin embargo, la noche que le precedió le hablé a Leonora en su ventana y le dije lo que había pasado. También visité a su padre y le informé a él también, suplicándole que conservara la buena opinión que tenía de mí y pospusiera el casamiento de su hija hasta que yo hubiera atendido al duque Ricardo, algo que amablemente prometió, y luego Leonora y yo, después de intercambiar votos y promesas de eterna fidelidad, nos despedimos con todo el dolor que pueden sentir dos tiernos y apasionados amantes al separarse.

SANCHO *(Aparte).* Todo eso, para mí, latines.

CARDENIO Partí del pueblo y fui a presentarme al duque, quien me recibió y acogió con tan extraordinaria amabilidad y tales buenas maneras que pronto provocaron la envidia de sus privados. Pero el que con más afecto me acogió fue don Fernando, el segundo hijo del duque, un caballero joven, alegre, gallardo y generoso. Parecía estar loco de contento por mi llegada, y de una manera muy amable me dijo que quería que fuera yo uno de sus amigos más íntimos. En resumen, me convenció tan hondamente de su afecto que, a pesar de los testimonios de amor y estima dados por su hermano mayor, me era fácil diferenciar sus favores. Ahora, como es común que los amigos del alma no tengan secretos entre sí, don Fernando, confiado tanto en mi fidelidad como en las razones que tenía yo para depender de la suya, me reveló sus pensamientos más ocultos, y entre estos el estar enamorado de una hija de un labrador riquísimo, vasallo de su padre. La belleza de esa joven campesina, su virtud, su clarividencia y las otras gracias de su mente le ganaban la admiración de todos los que se le acercaban, y esos excepcionales dones a tal punto habían encandilado el alma de don Fernando que, al descubrir que era absolutamente imposible corromper su castidad, decidió casarse con ella. Yo me creía obligado por todos los vínculos de gratitud y amistad a disuadirle de un matrimonio tan poco conveniente, por lo que hice uso de todos los argumentos que hubieran podido disuadir de tan desigual elección a cualquiera que no estuviera tan embebido en su fascinación amorosa. Al fin, al verlos todos ineficaces, me resolví a informar a su padre el duque de sus intenciones. Pero era don Fernando demasiado perspicaz como para no leer mi propósito, y temiendo un tal descubrimiento, consciente de que mi deber para con su padre bien lo podría justificar a pesar de nuestra intimidad, se ocupó de impedirme la revelación de su pasión a su padre, asegurándome que no sería necesario. Para cegarme con más eficacia me dijo que estaba dispuesto a probar el poder de la ausencia, ese acostumbrado remedio del amor, y así debilitar hasta llegar a olvidar su infeliz pasión, y que a este efecto iría de viaje conmigo a la casa de mi padre, fingiendo comprar caballos en nuestra ciudad, en la que se crían los mejores del mundo.

SANCHO *(Aparte).* Ahora empieza a olerme a chamusquina.

CARDENIO Tan pronto como oí esta loable propuesta la aprobé, influido por el interés de mi propio amor, que me hacía anhelar una oportunidad de ver a mi ausente Leonora. Después he sabido que don Fernando había sido favorecido por su amada con toda la libertad del amor sin límites bajo promesa de matrimonio, y que esperaba solo alguna oportunidad para descubrirlo sin peligro, ya que temía provocar la indignación de su padre. Pero lo que llamamos *amor* en los hombres jóvenes es demasiadas veces solo una pasión voluble y un deseo ardiente que tiene como objeto únicamente el placer sensual, mientras que el amor verdadero se fija en las perfecciones de la mente, lo que lo hace indestructible y le permite seguir creciendo. Tan pronto como don Fernando hubo logrado sus ilícitos deseos disminuyó su cariño y se enfrió su amor. Así que, si al principio su propuesta de probar el poder de la ausencia para liberarse de su pasión era solo un fingimiento, ahora no había nada que más intensamente deseara. Obtenida la licencia del duque, partió con destino a la casa de mi padre, donde fue recibido conforme a su rango, y fui yo a visitar a mi Leonora, quien por mil expresiones cariñosas me hizo ver que su amor, como el mío, se había acrecentado en lugar de disminuir con la ausencia, si es que alguna cosa pudiera acrecentar un amor tan grande y perfecto. Después, me sentí obligado por las leyes de la amistad a no ocultar los secretos de mi corazón a un amigo tan amable e íntimo que tan generosamente me había confiado los suyos. Así, para mi ruina eterna, le descubrí mi pasión, alabando la belleza, el ingenio, la virtud de Leonora, de un modo tan propio de un enamorado, y tantas veces y tan encarecidamente, que suscité en él un deseo de ver tan cumplida dama. Para complacer su curiosidad, se la mostré ayudado por una lámpara una noche en una ventana baja a través de la que conversábamos.

SANCHO *(Aparte).* Ay, ay, quien presume de aventuras ganas tiene de trofeos. ¡Esos caballeros! ¡Cuerpo de tal! No saben nada del amor.

CARDENIO Apareció demasiado encantadora, una tentación irresistible para don Fernando. Su seductora imagen le causó una impresión tan honda en el alma que bastó para borrarle de la mente todas las otras bellezas que hasta entonces habían ocupado sus lascivos pensamientos. Se quedó mudo de asombro y embeleso ante su cautivadora presencia, en pocas palabras, el verla y el amarla fueron para él la misma cosa. Cuando digo amarla, no es preciso añadirlo, digo amarla hasta la desesperación, ya que no hay otro modo de amarla sino hasta el extremo. Si su rostro le había encendido tan rápido, su ingenio en seguida le envolvió en llamas. Solía importunarme queriendo conocer alguna de sus cartas, que, por supuesto, nunca expondría a ninguna mirada que no fuera la mía, pero por desgracia un día encontró una en la que me expresaba su deseo de que la pidiera en matrimonio a su padre y que apresurara la boda. Venía escrita con tal ternura y lucidez que cuando la leyó de inmediato gritó que los encantos esparcidos y repartidos entre otras bellezas estaban todos divinamente centrados en Leonora. ¿Confesaré una verdad vergonzosa? Las alabanzas de Leonora, si bien nunca más merecidas, no sonaban agradables en mis oídos salidas de la boca de don Fernando. Empecé a albergar desconfianza y miedo celoso, sobre todo porque aprovechaba la menor oportunidad de hablar de ella, torciendo insensiblemente el discurso para hacer de ella el tema de nuestra constante conversación, por traído por los pelos que fuera. No recelaba yo la menor infidelidad de Leonora, al contrario, cada día ella me daba nuevas pruebas de su inviolable cariño; pero temía todo de mis malignas estrellas, y los enamorados suelen ocuparse con diligencia en acrecentar inquietudes. Ocurrió un día que Leonora, quien se deleitaba con la lectura de libros de caballerías, me pidió que le enviara la novela de Amadís de Gaula.

DON QUIJOTE Señor, si solo me hubiera dicho cuando antes mencionó a la señora Leonora que era admiradora de los libros de caballerías, no habría habido necesidad de emplear explicación alguna para convencerme de su extraordinaria sagacidad. Ahora ya no tiene necesidad vuesa merced de emplear elocuencia alguna para exponer el esplendor de su belleza, la excelencia de sus obras o la profundidad de su inteligencia. Porque con sola la noticia de su deleite en leer libros de caballerías me atrevo a proclamarla la más hermosa, la más cumplida dama del universo. Y de corazón habría deseado que con Amadís de Gaula vuesa merced le hubiera enviado al digno don Rogel de Grecia, puesto que estoy seguro de que la señora Leonora se habría deleitado en extremo con ellos. Pero aún puede encontrarse ocasión para darle la satisfacción de leer esas obras maestras si vuesa merced me hace el honor de visitar mi casa, puesto que allí le puedo proveer con más de trescientos tomos, que son el mayor placer de mi alma y el querido consuelo de mi vida. Le pido perdón por hacerle esta interrupción contraria a mi promesa, pero cuando oigo la menor mención de la caballería andante, no está más en mi poder abstenerme de hablar que lo está en el de los rayos del sol no calentar ni en los de la luna no impartir su humedad natural. Y, por lo tanto, señor, le ruego que siga. *(Cardenio está en silencio y frunce el ceño).* ¿Cómo, señor, no nos honrará con la continuación de su historia?

Cardenio Estoy absolutamente convencido, y jamás me persuadirá de lo contrario ningún hombre del mundo, de que es un alcornoque quien diga que el gran canalla, el sabio Elisabat, nunca yació con la reina Madasima.

Don Quijote Es falso de toda falsedad. Por todos los poderes supremos, es falso. Es gran escándalo y vil difamación afirmar esto de la reina Madasima. Era una dama de suma nobleza y virtud. No puede suponerse siquiera que una princesa tan grande se rebajara tanto como para enamorarse de un matasanos. Quien se atreva a decir que lo hiciera miente como un gran canalla, y le haré reconocerlo, a pie o a caballo, armado o desarmado, de día o de noche, o como le plazca.

CARDENIO *(Corre y con su mazo lo derriba)*. Póstrate en el suelo, bellaco malnacido.

SANCHO Deténgase, señor. ¿Se atreve a maltratar a mi amo?

AMYNTAS ¿Cómo, está loco, honrado amigo?

CARDENIO Solo una palabra más y compartirás la suerte de tu amo.

SANCHO ¡Cuerpo de tal! Yo te daré de tu propia medicina.

CARDENIO *(Corriendo hacia* SANCHO *y empujándole sobre su amo)*. ¿Te atreves a luchar conmigo? Quédate ahí tendido, saco de patatas, sobre el pellejo de tu amo. *(Sale)*.

SANCHO *(Se levanta y ayuda a Amyntas a poner en pie a* DON QUIJOTE*)*. ¡Vive Dios! *(A* AMYNTAS*)*. Señor, donde menos pensábamos saltó la liebre, pero fue todo por culpa de este hombre.

AMYNTAS ¿Cómo? Le avisé al principio y, si no quiso oír, no fue culpa mía.

DON QUIJOTE Honrado amigo, tienes razón. Fue debido por completo a nuestra inadvertencia. Pero yo desearía de todo corazón no haber sufrido tan fea contusión en el pecho.

SANCHO ¿No le pedí, señor, que no riñeran? Ya me temía que terminaría de esa forma después de todo. Y he aquí que empiezan a zurrarse la badana a pesar de que eran los mejores amigos del mundo solo un minuto antes.

DON QUIJOTE Sancho, no era este ningún caballero armado. Luego no nos toca ningún deshonor.

AMYNTAS Lo mejor que le puedo aconsejar es que vaya conmigo y tome algún refrigerio allá en nuestra choza.

DON QUIJOTE Aceptaremos tu oferta.

SANCHO En cuanto a eso, contad conmigo. Siempre he pensado que vale más llegar al final de un festín que al principio de una pelea.

Salen.

FIN DEL SEGUNDO ACTO

TERCER ACTO

ESCENA PRIMERA

Un bosque. Entra DOROTEA
vestida de muchacho.

DOROTEA Exiliada por los hombres, aquí vago errante sin ser conocida. Feliz sería si pudiera huir de mí misma, pero los crueles recuerdos atormentan mi corazón. Estos intricados bosques y riscos sin senderos, estas piedras y lugares convienen extrañamente bien a mi perturbada mente. ¡Oh, cómo quisiera encontrar alguna sombría celda, donde podría dedicar mi último aliento a desear bien al vil pero encantador Fernando! Atención, ¿se oye algo? No, veo que no es más que el susurro de las hojas. ¡Ay! ¡Qué mal me veo en este vestido! ¡Qué mal me sienta este disfraz! ¡Ay! Mis temores son propios de mujer. ¿Pero qué tengo que temer? Para mí no tiene la vida atractivo alguno. He perdido a Fernando, y estoy sumida en la desesperación. *(Sale).*

ESCENA SEGUNDA

*La cabaña de los pastores, de la que entran
en escena* DON QUIJOTE *y* SANCHO.

DON QUIJOTE Te digo, Sancho, que estoy resuelto.

SANCHO Pues, señor, no sé qué decir a eso, si insiste en hacer tales chanzas. Por mi parte, no me meto en camisas de once varas. No es harina de mi costal. Que el dueño de la vaca la tome por la cola. ¿Quién puede poner puertas al campo? Lo poco dicho pronto se enmienda, que los desacuerdos traen las mentiras al pueblo, y no hay candados para las bocas, que en boca cerrada no entran moscas.

DON QUIJOTE Seguro que no hay candado para tu boca, Sancho. Pero en cuanto a lo que decía, he resuelto imitar a Amadís en su locura y desesperación, en vez de a don Belianís.

SANCHO Pero, señor, me atrevo a decir que los caballeros que hicieron estas penitencias tenían alguna razón para enloquecer, pero ¿qué motivo para tal cosa tiene vuesa merced?, ¿cuándo encontró jamás que mi señora Dulcinea del Toboso hiciera alguna cosa indebida?

DON QUIJOTE Pues precisamente por ello. En esto consiste la singular perfección de la empresa mía. Haz caso a mis palabras, Sancho. Que un caballero andante ande loco por algún motivo justo no es ni extraño ni meritorio. No, lo extraordinario es andar loco sin motivo, sin la más mínima coacción ni necesidad. ¡Ahí tienes una pasión refinada y excelente, Sancho!

SANCHO Señor, me someto. Tiene vuesa merced la razón de su lado en todo lo que dice, y digo que soy un asno.

DON QUIJOTE Sin falta tienes que informarle a la señora Dulcinea de cada tipo particular de penitencia que te he dicho pienso sufrir y ciertamente he de llevar a cabo en la punta de aquella alta montaña, donde me encontrarás cuando vuelvas.

SANCHO Pero ¿dónde está la carta mientras tanto, para que pueda marchar?

DON QUIJOTE Sígueme y te la daré por escrito.

Salen.

ESCENA TERCERA

Entran ARVIRAGUS, SYLVIUS, COLIN, AMYNTAS.

ARVIRAGUS Ja, ja, ja. Son los personajes más extraños que jamás he encontrado.

SYLVIUS Apenas puede decirse cuál es el más ridículo.

AMYNTAS Creo que estamos de suerte al disfrutar entre nosotros de personajes tan divertidos.

COLIN ¿Divertidos los llamas? Creo que más bien hay que compadecerlos, porque están rematadamente locos.

ARVIRAGUS Locos están, pero es su locura del tipo más ridículo del que jamás he oído hablar.

SYLVIUS Me atrevo a decir que se meten en muchos aprietos por ella.

AMYNTAS Los vi metidos en uno bien dificultoso ahora. Nada que les dijera podía evitar que riñeran con el pobre Cardenio. Y estoy seguro de que ellos llevaron la peor parte.

Entran FRANCISCO *y* RODRIGO.

FRANCISCO Por Dios, honrados amigos, ¿habéis visto a un extravagante loco embutido en una armadura?

ARVIRAGUS Acabamos de dejarle.

RODRIGO ¿Y otro que anda con él, a quien llama su escudero, no menos loco y ridículo?

AMYNTAS Los dos estaban aquí juntos.

FRANCISCO ¿Y qué camino tomaron?

ARVIRAGUS Eso no lo sabemos. Al irse nos dejaron en la cabaña, así que no pudimos ver por dónde guiaron sus pasos.

Rodrigo Así pues, lo único que hemos hecho ahora es encontrar su pista.

Sylvius Habéis tenido mala suerte, señores, ya que si hubierais llegado solo cinco minutos antes los habríais encontrado con nosotros.

Francisco Bien, Rodrigo, ve tú por un lado y yo iré por otro. Mantengámonos al alcance del oído, y si los encuentras, llama.

Salen.

ESCENA CUARTA

Entran don Quijote y Sancho.

Sancho ¡Es un disparate, señor, pensar que pueda aprenderla de memoria, ¡ay de mí! ¡La mía es tan mala que muchas veces olvido mi propio nombre! Pero a pesar de todo eso, léamela le ruego, ya que tengo tremendas ganas de oírla.

Don Quijote Pues entonces, escucha: «De don Quijote de la Mancha a Dulcinea del Toboso. Alta y soberana señora. El que se siente profundamente herido por el puñal de la ausencia y tiene el corazón lastimado por los más penetrantes dardos del amor le desea a vuesa merced la salud que a él mismo le falta, dulcísima Dulcinea del Toboso. Si vuestra belleza me rechaza, si su virtud se niega a dar ánimo a mis desmayadas esperanzas, si su desdén me aparta del alivio, al fin he de hundirme bajo el peso de mis desventuras, aunque muy hecho esté a los sufrimientos. Pues mis dolores son no solo demasiado violentos sino también demasiado duraderos. Mi fiel escudero, Sancho, os dará exacta cuenta de la condición a la que el amor y vuesa merced me han reducido, ¡oh ingrata, demasiado bella! Si os ablandáis al fin y os apiadáis de mi desventura, después podré decir que vivo y preservaréis lo que es vuestro. Pero si me abandonáis a la desesperación, he de entregarme sumisamente y así, al dejar de respirar, satisfacer vuestra crueldad y mi deseo. Vuestro hasta la muerte, el Caballero de la Triste Figura».

SANCHO Por vida de mi padre, cosa mejor no he oído en todos mis días. ¡Qué hábil y acabadamente le dice lo que siente! Vaya, no hay ninguna clase de cosa en todo el mundo universal que no pueda practicar.

DON QUIJOTE Un hombre debe tener todo tipo de conocimientos si desea estar debidamente calificado para la ocupación que yo profeso. Ahora, Sancho, ve, y que el genio de este bosque te ponga alas en los pies. *(Le da la carta)*.

SANCHO Señor, tengo prisa por marcharme, ya que cuanto antes me vaya, antes volveré, y la forma de marcharme es no quedarme aquí. Impaciente estoy por traerle una respuesta que contente su corazón, y me aseguraré de hacerlo, y si no, que tenga cuidado la señora Dulcinea. Porque si no contesta como debe, digo solemnemente que le sacaré de las entrañas una respuesta a fuerza de buenas patadas y puñetazos, pues no es soportable que tan notable caballero andante como vuesa merced haya de perder el seso, sin saber cómo o por qué, por una tal… Cuerpo de Cristo, yo sé lo que sé. Más le valdrá no provocarme, pues por Dios lo soltaré todo al por mayor, aunque arruine el mercado.

DON QUIJOTE Insisto, Sancho. Creo que estás tan loco como yo.

SANCHO No, no tan loco, sino algo más colérico. Pues, adiós a vuesa merced, señor caballero. Pero espere. A ver, ¿cómo se las arreglará para comer cuando yo no esté?

DON QUIJOTE Que eso no turbe tu cabeza, puesto que, aunque tuviera todas las delicadezas que puedan regalarse a un paladar refinado, me alimentaría solo con las hierbas y las frutas que me brinda este bosque.

SANCHO Si su excelencia puede hacer eso, no ha de morirse de hambre.

DON QUIJOTE Sancho, vete con Dios. Ya sabes dónde me hallarás a tu vuelta.

Salen por separado.

ESCENA QUINTA

Entra FRANCISCO.

FRANCISCO Es raro que aún no los hayamos encontrado. Sin embargo, he resuelto no abandonar la búsqueda hasta haber escudriñado todas las partes de este bosque.

RODRIGO *(Entre bastidores).* ¡Eh, Francisco!

FRANCISCO ¿Es Rodrigo quien llama?

RODRIGO Hemos hecho salir la caza.

FRANCISCO ¿Qué, le has encontrado?

RODRIGO No al amo, sino al sirviente.

FRANCISCO Tráetelo, al momento.

Entra RODRIGO, tirando de SANCHO.

RODRIGO ¿Dónde está tu amo, bribón?, ¿dónde está tu amo?

SANCHO ¿Y a ti qué? Está ocupado en cierto asunto de gran importancia, en cierto lugar, que no me atrevo a descubrir por mi vida.

FRANCISCO ¿Cómo? No pienses que te vas a librar de nosotros con tal historia. Si no nos dices dónde está, creeremos que le has matado. Por lo tanto, o nos satisfaces en cuanto a dónde le has dejado o te daremos lo tuyo.

SANCHO Cuidado, vecinos. No tengo miedo de las palabras, ¿lo veis? No soy ni ladrón ni asesino. No mato a nadie, y así nadie me mata a mí. En cuanto a mi amo, le dejé cerca de aquí brincando y haciendo penitencia al gusto de su corazón, y ahora llevo una carta suya a mi señora Dulcinea del Toboso, la hija de Lorenzo, de quien está enamorado hasta las trancas.

FRANCISCO ¡Asombroso! Déjanos ver la carta.

SANCHO La verán, es de una excelencia extremada. *(Busca y encuentra que se le ha perdido).* ¡Cuerpo de tal!, que la he perdido, como el alcornoque que soy, pero la puedo decir de memoria.

FRANCISCO Eso nos vale igual.

SANCHO Pues empieza así: «Alta y sobajada señora».

RODRIGO *Soberana* o *sobrehumana* señora quieres decir.

SANCHO Sí, sí, tenéis razón. Pero espera, ¿qué seguía? Ah, ahora recuerdo. Ya recuerdo: «El que está herido y falto de sueño le manda la daga —la que él mismo quiere— que le apuñaló hasta el corazón. Y el lastimado le besa a vuesa señoría la mano».

FRANCISCO Y RODRIGO Ja, ja, ja, ja. Tienes una excelente memoria, Sancho.

FRANCISCO Regresa con tu amo, llévale un mensaje tan favorable como puedas inventar por el camino, y hecho eso, vuelve y haznos saber lo que haya pasado.

SANCHO Pues, a la fe y la verdad, creo que así sacaré algo bueno de un mal paso. *(Sale)*.

RODRIGO ¿Y ahora cómo procedemos?

FRANCISCO He trazado un plan y te informaré de él al instante. Pero espera, ¿quién es este que veo acercarse?

ESCENA SEXTA

Entra CARDENIO.

CARDENIO Estimo, señores, que corté la historia de mis desventuras muy abruptamente.

FRANCISCO *(Aparte)*. ¿Sabes algo de este personaje singular, Rodrigo?

RODRIGO *(Aparte)*. No, pero finjamos que sí, para oírle hablar de sus aventuras.

FRANCISCO *(A* CARDENIO*)*. Deseamos, señor, oír la continuación de su historia.

CARDENIO Cuando Leonora me devolvió el libro que le había prestado, había entre las hojas esa carta que les dije antes que encontró don Fernando, y en la que deseaba que yo se la pidiera de nuevo en matrimonio a su padre. Mi pérfido amigo, don Fernando, se encargó del asunto. Y pocos días después recibí de Leonora la siguiente carta:

Don Fernando, conforme a su promesa, le ha pedido a tu padre que hable con el mío. Pero ha hecho para sí mismo lo que tú le habías encargado hacer por ti, porque me ha pedido como su esposa. Y mi padre, deslumbrado por las ventajas que espera de tal alianza, ha consentido a tal punto que de aquí en dos días el casamiento ha de celebrarse, y con tanta intimidad que solo los cielos y algunos de la familia han de ser los testigos. Juzga la aflicción de mi alma por la que, supongo, llena la tuya. Luego date prisa para llegar hasta mí, querido Cardenio. El final de este asunto mostrará lo mucho que te quiero.

Al recibir esta carta estaba a dos jornadas de Leonora, cuidando de un negocio que requería atención inmediata. Tan pronto como la leí me fui volando. La venganza, el amor y la impaciencia me dieron alas, y la encontré a la ventana de la casa paterna, ya vestida para la ceremonia. «Cardenio», dijo Leonora, «llevo el traje de boda puesto, y el pérfido Fernando con mi avaricioso padre y los otros me esperan en el salón para celebrar el casamiento. Pero antes serán testigos de mi muerte que de mis nupcias. No te angusties, mi querido Cardenio, sino esfuérzate por estar presente en ese sacrificio». Dicho esto, la llamaron con gran prisa, dejándome mudo por el dolor y la confusión. Me parecía que veía el sol ponerse para siempre, todos mis sentidos sumidos en mi perturbación. Al fin, me despabilé y entré sin ser descubierto en el salón, donde me escondí tras las colgaduras en el sitio donde dos tapices se juntaban y me daban libertad de ver sin ser visto. Primero entró don Fernando, no como un novio sino con su vestimenta habitual. Algo después llegó Leonora, con su madre y dos doncellas. Estaba ricamente vestida, pero nada se igualaba al resplandor de su belleza, que adornaba su persona mucho más que todos sus ornamentos. Oh, memoria, enemiga fatal de mi descanso, ¿por qué ahora tan fielmente me representas los encantos incomparables de Leonora? Perdonadme, señores, estas tediosas digresiones. ¡Ay! No son mis pesares tales que puedan o deban relatarse con brevedad, puesto que a mí toda circunstancia me parece digna de ser relatada por extenso.

FRANCISCO Está muy lejos de ser tedioso lo que nos cuenta. Atendemos a cada palabra con entristecido interés.

CARDENIO Reunidas todas las partes, entró el sacerdote, y cogiendo a la joven pareja de las manos, le preguntó a Leonora si estaba dispuesta a tomar a don Fernando por su esposo. Con eso saqué la cabeza de entre los dos tapices, escuchando con el corazón turbado para oír su respuesta, de la que dependía mi vida y felicidad. El sacerdote esperó su contestación un buen rato antes de que la diera, y todo ese tiempo esperaba que sacara el puñal o soltara la lengua para alegar su anterior compromiso conmigo. Pero ¡ay! Por fin, para mi eterna desilusión la oí pronunciar con una débil voz el «sí» fatal. Y luego, diciendo don Fernando lo mismo y dándole el anillo, quedó así atado el nudo sagrado que solo la muerte puede disolver. Luego el novio desleal se adelantó a abrazar a su novia, pero ella, poniendo su mano sobre el corazón, en el mismo instante se desmayó en los brazos de su madre, quien, al desabrocharle el vestido por delante para darle aire, halló una hoja de papel doblada en su seno. Esta la cogió don Fernando y la leyó a la luz de una de las velas, y al haberla leído se desplomó en una silla, abrumado por el remordimiento. Por mi parte, al ver toda la casa alborotada, resolví dejar aquel odiado lugar, lo que hice sin ser advertido, amparado por la confusión. Monté en mi mula y me fui cabalgando por los campos, envuelto en la oscuridad y el silencio, dando salida a mi pasión en maldiciones dirigidas contra el alevoso don Fernando y la inconstante, ingrata Leonora. Seguí cabalgando toda la noche y al amanecer di con uno de los pasos que llevan a esta sierra, donde anduve errando por dos días sin seguir camino alguno hasta que por fin topé con algunos pastores, a quienes requerí me encaminaran a la parte más rocosa e inaccesible de estos peñascos. Me dirigieron a este sitio, y me apresuré todo lo posible para alcanzarlo, resuelto a prolongar morosamente mi aborrecida vida lejos del trato con la falsa e ingrata humanidad. Desde entonces he tenido hartas razones para pensar que a veces me abandona el sentido y que cometo estas extravagancias que son los efectos de una furia y un frenesí insensatos. Tal era mi infeliz condición cuando antes os vi y os traté tan mal.

FRANCISCO Somos tan desconocedores de su persona, señor, como de la parte previa de sus desventuras. Desearíamos saber y, si fuera posible, aliviar su triste situación. No queremos, por tanto, engañarle.

CARDENIO ¡Ay! Cuando está ausente la razón, no es de extrañar que lo esté también la memoria. Les doy las gracias, señores, por su generosa compasión y benevolencia, pero les ruego que no me prescriban remedios, visto que mis desventuras se encuentran más allá de cualquier alivio.

FRANCISCO En verdad, señor, de todo corazón le compadezco. Pero puede haber esperanza aún...

DOROTEA *(Entre bastidores).* ¡Ay de mí! ¡Ah, despreciable criatura! A qué extremo me ha llevado la aflicción, obligada a considerar este bosque y estos peñascos un amable refugio.

FRANCISCO ¿Quién puede emitir esta queja? *(Corre al lateral de la escena).*

CARDENIO Proclama un dolor casi tan grande como el mío.

RODRIGO Ya le veo. Por su aspecto es un muchacho, más semejante a un ángel que a un ser humano.

CARDENIO, FRANCISCO se acercan a RODRIGO.

CARDENIO ¿No le viste quitarse el gorro?

FRANCISCO Sí, y le bajó por los hombros una cantidad increíble de hermoso cabello, lo cual me convence de que se trata de alguna bella mujer disfrazada.

CARDENIO Corramos, entonces, a hablarle.

Salen.

FRANCISCO *(Entre bastidores)*. Señora, sea quien sea, no tiene por qué temer nada. Nuestro único propósito es atenderla.

*Entran CARDENIO, RODRIGO y FRANCISCO,
trayendo a DOROTEA.*

FRANCISCO No tema, señora. Aunque su cabello nos ha revelado lo que su disfraz nos ocultaba, solo estamos más dispuestos a ayudarla. Le ruego entonces nos diga cómo lo podamos hacer mejor. Imagino que no era leve la situación que le llevó a esconder su singular belleza bajo un disfraz tan indigno, arriesgándose después en este desierto, donde solo por la mayor suerte del mundo se encontró con nosotros. Sin embargo, esperamos que no sea imposible dar con un remedio para sus desventuras, puesto que no hay ninguna que al fin no venzan la razón y el tiempo.

DOROTEA ¡Ay!, no sabéis lo que decís.

FRANCISCO Dije la verdad, ciertamente. Por lo tanto, señora, si no ha renunciado por completo a todo consuelo humano, le ruego que nos diga el motivo de su aflicción, y le aseguro que no se lo preguntamos por pura curiosidad, sino por un deseo real de atenderla y de compartir su dolor o bien aliviar su pena.

DOROTEA Ya que este desierto no ha sabido esconderme y me ha traicionado mi cabello, no hay necesidad de seguir fingiendo, y ya que desean saber qué me trajo aquí, después de sus amables ofrecimientos no puedo negarles la cortesía de una respuesta. Sin embargo, señores, temo que esta os vuelva tristes y melancólicos.

FRANCISCO Si es así, nos interesaremos al mismo tiempo por vuestras aflicciones y, por consiguiente, no solo nos compadeceremos de ellas, sino que nos esforzaremos por desterrarlas.

DOROTEA Sea así entonces. Nací en cierta ciudad de Andalucía, de donde toma un duque el título que le hace grande de España. Este duque tiene dos hijos, el mayor heredero de su hacienda, y, como puede suponerse, de sus virtudes. El menor (aunque de él no pronunciaré ásperas palabras) es la causa de mi infelicidad. Mi padre es labrador y uno de sus vasallos, pero sus grandes posesiones y su manera de vivir le han ganado poco a poco, de forma general, el nombre de caballero. Siendo hija única, mis padres me amaban con una ternura indulgente. A mi cuidado se dejaban toda la casa y la hacienda, y yo ponía tanta atención en no abusar de la confianza que depositaban en mí que nunca perdí su buena opinión sobre mi sensatez. Vivía recluida en extremo, ocupando mis horas de ocio en el trabajo y en la música. De este modo llevé todo ese tiempo la vida de una monja, no vista, según creía, por nadie fuera de nuestra familia, aunque a pesar de todo el cuidado que se tomaba para que no se me viera, desgraciadamente se rumoreaba por ahí que era bella, y para mi eterno disgusto el amor se entremetió en mi pacífico retiro. Don Fernando, el segundo hijo del duque que he mencionado, puso su vista en mí. *(Aquí CARDENIO se estremece y frunce el ceño, mirando muy atentamente a DOROTEA).* En pocas palabras, después de muchos rechazos y con una perseverancia asombrosa, mil protestas de amor vehemente y una solemne promesa de matrimonio, me arruinó. *(Aquí llora).* Porque no muchos días después oí decir que estaba ya casado con una dama de linaje rico y noble, y extremadamente bella, cuyo nombre era Leonora. *(Aquí llora CARDENIO).* Y, además, que ella se había desmayado en medio de la ceremonia, y que se había hallado una carta en su seno, de su propia mano, en la que declaraba que no podía ser la esposa de don Fernando por estar ya prometida a un caballero notable, de la misma ciudad, de nombre Cardenio. Al saber esto, loca de desesperación, dejé la casa de mi padre amparada por la noche y este disfraz, llevándome conmigo mi oro y joyas, y un hatillo con mis prendas de vestir. En la primera población por donde pasé oí a un pregonero describir públicamente a mi persona en plena calle, prometiendo una amplia recompensa a quien pudiera dar noticias de Dorotea.

CARDENIO ¿Cómo, señora? ¿Eres tú, entonces, la hermosa Dorotea, la única hija del rico Cleonardo?

DOROTEA Me sorprendéis, en verdad. Decidme, amigo, ¿quién sois vos, que tan bien conocéis el nombre de mi padre? Porque creo que no lo mencioné ni una sola vez en toda la relación de mis aflicciones.

CARDENIO Yo soy Cardenio, el infeliz que Leonora, como nos contasteis, declaró ser su esposo. Soy ese desdichado Cardenio, a quien la perfidia del hombre que os ha reducido a esta deplorable condición también ha traído a este miserable estado, a los harapos, a la desesperación y hasta a la locura misma, disfrutando del privilegio de la cordura en cortos intervalos solo para sentir y lamentar aún más mis pesares.

FRANCISCO ¡Oh! ¡Qué extraordinarios son los acontecimientos de la vida humana!

RODRIGO Extraordinarios, en efecto.

CARDENIO Yo también me abandoné a la desesperación, y después de haber dejado una carta a una persona, a quien encargué entregarla en las propias manos de Leonora, me apresuré a esconderme del mundo en este desierto, resuelto a terminar aquí una vida que desde ese momento aborrecía como mi mayor enemiga. Pero la fortuna me ha guardado, según veo, para que la arriesgue por una causa mejor. Los cielos te devolverán a tu don Fernando, quien no puede ser de Leonora, y a mí a Leonora, quien no puede ser de don Fernando. Por mi parte, aunque mis intereses no estuvieran unidos a los tuyos, como lo están, siento tan hondamente tus desventuras que me expondría a cualquier peligro para lograr que te sea hecha justicia por don Fernando. Y aquí, bajo palabra de cristiano y caballero, hago voto y prometo no desampararos hasta que él os haya hecho justicia, y lo haré a riesgo de mi vida en caso de que la razón y la generosidad se mostraran ineficaces para obligarle a aceptar la bendición de vivir con vos.

DOROTEA Oh, señor, vuestros generosos sentimientos y serviciales ofrecimientos me abruman.

CARDENIO No digáis tal cosa, mi hermosa Dorotea. Hemos sido compañeros en la aflicción.

DOROTEA ¡Y que lo seamos en la felicidad! Que don Fernando nunca sea mío si no llegáis a tener a Leonora.

CARDENIO ¡Mujer de nobles pensamientos!

FRANCISCO Es digna del mayor aplauso su generosa resolución de buscar a don Fernando, y de todo corazón le deseo el éxito. Mientras tanto, podéis estar seguros de los mejores esfuerzos míos y de mi amigo Rodrigo para favorecerlo. No lejos de aquí tengo una casa que está a vuestra disposición, donde podéis abasteceros de lo necesario y consultar juntos cómo proceder.

CARDENIO Aceptaremos, muy agradecidos, su amable invitación.

DOROTEA ¡Que nunca se arrepienta de su generoso ofrecimiento!

FRANCISCO Es imposible que me arrepienta de ayudar a la inocencia injuriada. Y ahora, tal vez ambos se pregunten qué es lo que nos ha traído a estos parajes a mí y a mi amigo Rodrigo. Resulta que tenemos un vecino muy respetable a quien, por leer casi todos los libros de caballerías publicados, se le ha secado el cerebro. Con la imaginación inflamada por las hazañas de los héroes cuyas acciones se narran en esos libros, decidió profesar la caballería andante. Por escudero tiene un palurdo de la misma aldea, de quien es difícil saber si es un granuja o un tonto. Tuve noticia de su entrada en este bosque, y de inmediato vine aquí buscándole con el propósito de llevarle a casa, auxiliado por una u otra estratagema, y allí hacer que se le cuide y se le impidan salidas futuras.

CARDENIO Un propósito tan humano concuerda con la benevolencia de su predisposición. Y seríamos muy desagradecidos si no le ayudáramos en esto hasta el límite de nuestras fuerzas.

FRANCISCO Si esta dama y vos deseáis ayudarme, no dudo de que mi propósito surtirá su deseado efecto.

DOROTEA Me haría muy feliz dándome una oportunidad de pagaros de alguna forma las obligaciones contraídas.

FRANCISCO ¿No habéis dicho, señora, que traéis un bulto de ropa y unas joyas?

DOROTEA Así es.

FRANCISCO Entonces, señora, si os dignáis retiraros y ponéroslas, vistiendo Cardenio con las que ahora lleva, debería asumir el título de princesa Micomicona y rogarle a don Quijote (ya que así se llama el caballero) que acabe con un gigante que se ha apoderado de su reino de Micomicón, que le habéis de decir está en Etiopía. Podremos llevarle hasta la aldea donde vive, con el pretexto de que el camino al próximo puerto pasa justo por allí.

DOROTEA Veo su propósito, pero ¿qué papel ha de hacer Cardenio?

Francisco Va a hacerse pasar por su caballero de escolta, el único de sus criados salvado de un naufragio. Puede agregar las circunstancias que le plazcan. En cuanto a ti, Rodrigo, ve adelante a la venta y hazles saber que llegamos.

Dorotea Vamos entonces. No perdamos tiempo para ejecutar un propósito tan benévolo.

Salen por caminos separados.

FIN DEL TERCER ACTO

CUARTO ACTO

ESCENA PRIMERA

Un bosque. Entran DON QUIJOTE *y* SANCHO.

DON QUIJOTE Apenas podía creer posible que hicieras ni una décima parte del viaje en tan corto espacio de tiempo. No me parece que te hayas ausentado muchas horas. Debe de ser sin duda obra de algún sabio mago que sea amigo mío, quien, viendo y compadeciéndose de mi triste condición y el profundo dolor que atormentaba mi pecho, hizo que ese espacio de tiempo que en realidad eran dos días me pareciera no más de dos horas.

SANCHO Alguna hechicería debe de haber en ello, eso es seguro.

DON QUIJOTE Todo esto está muy bien, pero que sepas, Sancho, que soy todo impaciencia. Llegaste, ¿y en qué se empleaba entonces aquella reina de la belleza? Seguro que la encontraste ensartando perlas de Oriente o bordando algún curioso emblema en oro para mí, su caballero cautivo. ¿No fue así, mi Sancho?

SANCHO No, a fe mía. En verdad que la encontré aventando, con gran empeño, una fanega de trigo detrás de la casa.

DON QUIJOTE Entonces puedes descansar tranquilo sabiendo que todo grano de ese trigo era una perla, puesto que le hacía ella el honor de tocarlo con su divina mano. ¿Observaste la calidad del trigo?, ¿no era de la calidad más fina?

SANCHO Me pareció muy corriente.

DON QUIJOTE Pues una cosa, al menos, tienes que reconocer: con ese trigo se tiene que hacer el más fino y blanco pan si ha sido tamizado por sus blancas manos. Pero prosigue. Cuando entregaste mi carta, ¿la besó?, ¿la atesoró en su seno?, ¿cómo se comportó?

SANCHO La verdad, señor, cuando le ofrecí la carta estaba muy ocupada manejando el cedazo, y me dijo: «Le ruego, honesto amigo, hágame el favor de dejar esa carta sobre aquel saco. No la puedo leer hasta que haya aventado lo que tengo entre manos».

DON QUIJOTE ¡Oh, clarividencia sin par! Sabía que esa lectura requería tiempo libre y por lo tanto la aplazó para sus horas más placenteras e íntimas. Pero, oh mi escudero, mientras estaba así ocupada, ¿qué conversaciones siguieron?, ¿qué preguntó sobre su caballero?, ¿y qué le contestaste? Dilo todo, dilo todo, mi queridísimo Sancho. Que no se escape a tu lengua la menor circunstancia. Cuenta todo lo que el pensamiento pueda abarcar o la pluma describir.

SANCHO Sus preguntas eran fáciles de contestar, señor, puesto que no me hizo ninguna. Le dije, eso sí, en qué triste apuro le había dejado a vuesa merced, que por ella comía y dormía como los brutos animales, que antes dejaría que una navaja de afeitar le tocara la garganta que la barba. Que todavía estaría gimoteando y llorando o jurando y maldiciendo su fortuna.

DON QUIJOTE Ahí erraste. Más bien bendigo mi fortuna y siempre lo haré mientras la vida me dé aliento, puesto que puede pensarse que soy digno de la estima de una dama tan alta como Dulcinea del Toboso.

SANCHO Ahí ha dado vuesa merced en el clavo. Es una dama alta, en efecto, señor, porque es más alta que yo como media vara.

DON QUIJOTE Pues, ¿cómo?, Sancho, ¿te has medido con ella?

SANCHO Sí, vive Dios. Debe saber que me pidió que le echara una mano levantando un saco de trigo para cargar un asno, y me acerqué tanto a ella que vi que era más alta que yo en al menos un palmo entero.

DON QUIJOTE Bien, pero sé consciente también de que la estatura extraordinaria de su persona está adornada de innumerables gracias y dones del alma. Pero Sancho, cuando te acercaste a la encantadora, ¿no te dio en la nariz un olor penetrante, un perfume tan aromático, agradable y dulce que no le encuentro nombre? Tan dulce como… Ya me entiendes, como la más rica fragancia que se difunde de la gama de olores de un perfumero. Esto, al menos, me lo debes conceder.

SANCHO Sí. De hecho, sentí una especie de olor un poco desagradable, ya que supongo que había trabajado duro y sudado en abundancia.

DON QUIJOTE Eso es falso. Tu olfato ha sido corrompido por tu propio olor o alguna úlcera en tu nariz. Si pudieras distinguir el olor de las rosas al abrirse, los lirios fragantes o el ámbar más selecto, entonces podrías adivinar el suyo.

SEGUNDA ESCENA

Entran FRANCISCO, DOROTEA *y* CARDENIO.

FRANCISCO *(Entra corriendo ante ellos y abraza a* DON QUIJOTE*).* ¡Espejo de la caballería, mi noble compatriota, don Quijote de la Mancha! ¡La flor y nata de la gentileza! ¡El refugio y alivio de los afligidos! ¡La quintaesencia de la caballería andante! ¡Qué alegría haberle encontrado! Permítame conducir ante su noble presencia a una princesa atribulada que se postra a sus pies como humilde suplicante.

DOROTEA *(Poniéndose de rodillas ante* DON QUIJOTE*).* Tres veces valeroso e invencible caballero, nunca me levantaré de este sitio hasta que su generosidad me haya otorgado un favor, el que redundará en su honor y en el alivio de la más desconsolada y más lastimada doncella que jamás vio el sol. Y, de hecho, si su valentía y la fuerza de su brazo formidable responden al grado de su inmortal renombre, está obligado por las leyes del honor y la caballería que profesa a socorrer a una princesa atribulada que, guiada por la resonante fama de sus maravillosas y renombradas hazañas, viene desde las regiones más remotas a implorar su protección.

SANCHO *(Aparte)*. ¡Cuerpo de tal! Señor don Francisco, ¿quién es esta excelente dama?

FRANCISCO *(Aparte)*. Es la única heredera en línea directa del vasto reino de Micomicón en Etiopía y ha venido a pedirle a su amo que repare un agravio que le ha hecho un malvado gigante.

SANCHO *(Aparte)*. ¡Cuerpo de tal! ¿Es cierto?

DON QUIJOTE No le puedo dar ninguna respuesta, hermosísima señora, ni oiré una palabra más, a menos que consienta en levantarse.

DOROTEA Perdóneme, noble caballero. Mis rodillas antes echarán raíces, a menos que se digne otorgarme la gracia que humildemente le pido.

SANCHO *(Corriendo a su amo)*. Otórguela, señor, otórguela, le digo. No es más que una pequeñez, casi nada, solo matar a un gran bobalicón, un gigante. Y la que se lo pide es la alta y poderosa princesa Micomicona, reina del gran reino de Micomicón en Etiopía.

DON QUIJOTE Sea ella quien sea, cumpliré con mi obligación y obedeceré a los dictados de mi conciencia, según las reglas de la caballería que profeso. Levántese, señora, se lo ruego. Le otorgo el favor que exige su singular belleza.

DOROTEA La gracia que he de pedirle a su magnánimo valor es que consienta en ir conmigo al instante adonde he de conducirle y que me prometa no emprender ninguna otra aventura hasta que me haya vengado de un traidor que usurpa mi reino en contra de todas las leyes humanas y divinas.

DON QUIJOTE Todo esto le otorgo, señora, pero quisiera saber qué rumbo hemos de seguir para servirla, y quién es este traidor.

FRANCISCO Le ruego, señora, ¿hacia qué país le place dirigirse? ¿No es hacia el reino de Micomicón? Estoy muy equivocado si no es esa la parte del mundo adonde desea ir.

DOROTEA Tiene razón, señor.

FRANCISCO Entonces su camino pasa directamente por la aldea donde vivo, y desde allí tenemos el camino recto a Cartagena, donde podrá embarcarse cómodamente, y si tiene viento favorable y buen tiempo, en algo menos de nueve años puede llegar al vasto lago Meona. Me refiero al Palus Maotis,[9] que está ubicado a algo más de cien jornadas de su reino.

DOROTEA Seguramente, señor, está en un error, puesto que apenas hace dos años que salí del lugar, y además hemos tenido escaso buen tiempo durante todo el viaje, y sin embargo ya he llegado aquí, y hasta tal punto he logrado el éxito que he conseguido ver al renombrado don Quijote de la Mancha. La fama de sus logros llegó a mis oídos tan pronto como desembarqué en España para ponerme bajo su protección y encomendar la justicia de mi causa a su invencible valor.

DON QUIJOTE No más, señora, se lo ruego. Ahórreme la molestia de oírme ensalzado, ya que siento un odio mortal por todo lo que parezca alabanza. Mi intento es a la vez merecer y evitar el aplauso.

---

9 Es el nombre latino del mar de Azov, que comunica con el mar Negro.

DOROTEA Se maravillará, sin duda, señor, al ver a una persona de mi rango con un séquito tan pequeño.

DON QUIJOTE Ciertamente, señora.

DOROTEA El caso es que tuve tan mala fortuna que perdí por naufragio el barco que asistía al mío, llevándose una parte de mi séquito. Ordené a la otra parte precederme una jornada con el propósito de informar de mi llegada a las ventas del camino, reservando de mi numeroso séquito solo a este caballero de escolta como mi asistente inmediato. Pero como las desventuras pocas veces vienen solas, la parte de mi séquito a la que le había ordenado precederme fue interceptada en la segunda jornada por una tropa de bandidos. La mayor parte quedaron muertos sobre el camino, y unos pocos fueron llevados como presos. Todos dicen que los bandidos eran un hatajo de pícaros condenados a galeras, quienes, rumbo al castigo, fueron rescatados por un solo hombre, y con tanta valentía que, a pesar del oficial del rey y sus ayudantes, él solo los liberó a todos.

SANCHO A fe y a verdad, quien hizo esa destacada labor fue mi amo, él solo, y no fue sin aviso leal, ya que le dije que mirara bien lo que hacía, y le repetí una y otra vez que sería un grave pecado poner en libertad a tal pandilla de miserables malvados.

DON QUIJOTE Payaso cabeza de bufón, ¿es propio de un caballero andante, al encontrarse con personas cargadas de cadenas y oprimidas, examinar si están bajo esas circunstancias por sus delitos o solo por una desventura? Únicamente hemos de aliviar a los afligidos, considerando su aflicción y no sus delitos. Topé con una compañía de desdichados que iban tristes, abatidos y encadenados juntos como las cuentas de un rosario. Después hice lo que me obligaban a hacer mi conciencia y mi profesión. ¿Y qué puede nadie objetar a esto? Si alguien se atreve a decir lo contrario, salvando la presencia del reverendo padre y su sagrado carácter, digo que sabe poco de caballeros andantes y miente como un hideputa y un villano de baja cuna. Y esto se lo haré saber más eficazmente con el convincente filo de mi espada.

DOROTEA Le ruego, señor, que recuerde la promesa que me ha hecho y que no puede emprender ninguna aventura, fuere cual fuere, hasta que haya llevado a cabo la que nos ocupa ahora.

DON QUIJOTE Me satisface, señora, y por vuesa merced la llama de mi justa indignación queda apagada. Y no seré inducido a comprometerme en ninguna disputa hasta que haya cumplido con la promesa hecha a Vuestra Alteza. Como sola recompensa de mis buenas intenciones, le ruego me dé somera cuenta de sus desventuras, si esto no le incomoda demasiado. Y déjeme saber quién y qué, y cuántas son las personas de quienes he de conseguir en vuestro nombre una satisfacción debida y completa.

DOROTEA Con mucho gusto. Primero, señores, han de saber que mi nombre es…

FRANCISCO No es nada extraño, señora, que se sienta tan desconcertada por sus desastres como para tropezar al comienzo mismo del relato que va a hacer de ellos. La aflicción extrema a menudo distrae la mente hasta tal punto y nos priva de la memoria de modo que a veces durante un tiempo apenas podemos recordar nuestros propios nombres. No es de extrañar, pues, que la princesa Micomicona, legítima heredera del vasto reino de Micomicón, desorientada por tantas desventuras y perpleja por tantos y tan variados pensamientos para recuperar su corona, tenga la imaginación y la memoria así de abrumadas. Pero espero que Su Alteza ahora haga memoria y se sienta capaz de seguir.

DOROTEA Yo también lo espero, e intentaré proseguir mi historia sin más vacilaciones. Han de saber entonces, señores, que el rey, mi padre, llamado Tinacrio el Sabio, poseyendo gran destreza del arte mágico, comprendió por sus profundos conocimientos de esa ciencia que la reina Jaramilla, mi madre, habría de morir y que yo quedaría huérfana. Pero lo que más le inquietaba era prever que pronto después de su muerte mis dominios serían invadidos por cierto gigante, señor de una gran isla cerca de los confines de mi reino, de nombre Pandafilando de la Fosca Vista, y que nada podría evitarlo salvo que yo consintiera en casarme con él, y dado que tenía motivos para juzgar esto muy improbable, encontró por su arte que era indispensablemente preciso para la recuperación de mi reino que yo dirigiera los pasos hacia España, donde con seguridad me encontraría con un poderoso paladín en la persona de un caballero andante cuya fama para aquel entonces se habría extendido por todo el reino, de nombre don Quijote, y de otra manera, el Caballero de la Triste Figura. Mi padre también lo describió y dijo que sería un hombre alto, de cara delgada, y que, sobre su lado derecho, bajo el hombro izquierdo, o por ahí, tendría un lunar leonado, cubierto por un mechón de pelo, no muy diferente a la crin de un caballo.

DON QUIJOTE Aquí, Sancho, ayúdame a quitarme la ropa, pues he resuelto ver si soy yo el caballero profetizado por el rey nigromante.

DOROTEA Dígame, señor, ¿por qué quiere quitarse la ropa?

DON QUIJOTE Para ver si tengo tal lunar en mí como el que mencionó su padre.

SANCHO Vuesa merced no tiene por qué desnudarse para saber eso, puesto que, según mi seguro conocimiento, tiene una marca como la que dice mi señora en la rabadilla, lo que le señala como un hombre de cuerpo fuerte.

DOROTEA Es suficiente. Los amigos pueden confiar mutuamente, sin un examen tan estricto. Y que esté en el hombro o en el espinazo no tiene mucha importancia. En pocas palabras, encuentro que en todos sus pronósticos mi padre atinaba, como yo también, al encomendarme a don Quijote, cuya estatura y apariencia concuerdan tan bien con la descripción de mi padre y cuyo renombre está tan extendido por toda España, que nada más llegar a Osuna me llegó a los oídos la fama de su valentía, de forma que me convencí de que era la persona en cuya búsqueda venía.

DON QUIJOTE Pero, dígame, señora, ¿cómo desembarcó en Osuna, si no es puerto de mar?

FRANCISCO Sin duda, señor, la princesa quería decir que, después de desembarcar en Málaga, el primer lugar donde oyó hablar de sus hazañas de armas fue Osuna.

DOROTEA Eso quería decir.

FRANCISCO Fácilmente se entiende. Entonces le ruego, Alteza, tenga la bondad de seguir con su relación.

DOROTEA No tengo nada que agregar, si no es que la fortuna al fin me ha favorecido haciéndome encontrar al noble don Quijote, de quien se dice en la predicción dejada por mi real padre que después de haber destruido al gigante y haberme puesto en posesión de mi reino, si me pidiera casarme con él, de ninguna forma habría yo de negárselo, sino al instante rendirle mi persona y mi reino.

DON QUIJOTE Pues, amigo Sancho, ¿qué piensas ahora?, ¿no oyes cómo son las cosas?, ¿no te lo dije yo? Ahora ves cómo podemos tener un reino que gobernar y una reina que desposar.

SANCHO Vive Dios que sí. Que una plaga se lleve al hideputa, digo, que no quiera casarse ni compartir el lecho con la

Gracia de Su Alteza tan pronto como al señor Pandafilando se le corte el gaznate.

DON QUIJOTE Señora, cuando haya postrado en tierra a su implacable enemigo y separado su cabeza del cuerpo, y tranquilamente haya dejado a Vuestra Alteza en posesión de su trono, quedará a su elección disponer de su persona como le parezca conveniente. Porque mientras mi memoria esté colmada con la imagen de aquella que me abstengo de mencionar, mi voluntad cautiva y mi entendimiento totalmente sujeto a ella, es imposible que me desvíe lo más mínimo del afecto que le profeso o que sea inducido a casarme con nadie, aunque fuera un fénix.

SANCHO Cuerpo de tal, ¿de qué está hablando, señor caballero?

DOROTEA Su noble generosidad, señor, no encuentra par más que en su desinterés.

DON QUIJOTE Desde este momento, señora, despójese de todos esos pensamientos desesperados que pesan sobre su mente e intente reavivar sus esperanzas marchitadas, puesto que con la ayuda de los cielos y mi vigoroso brazo ha de verse restaurada en su reino y sentada en el trono de sus antepasados a pesar de todos los traidores que se atrevieran a oponerse a su derecho. Démonos prisa en realizarlo. La demora siempre engendra peligro, y postergar un plan muchas veces lo echa a perder.

DOROTEA ¡Oh, cómo expresar el sentimiento de gratitud que tengo por su bondad!

DON QUIJOTE Guíeme, señora, y la acompañaré.

FIN DEL CUARTO ACTO

QUINTO ACTO

ESCENA PRIMERA

La venta. Entran BERNARDO *y* ANTONIA.

BERNARDO ¿Sabes, Antonia, que se espera a la comitiva en cualquier momento?

ANTONIA Sí, lo sé, ¿y qué?

BERNARDO ¿Ya has barrido los cuartos y puesto la casa en orden?

ANTONIA Tan ordenada está como de costumbre.

BERNARDO O sea, no tiene ningún orden. ¡Hola, mayordomo, criado! *(Corriendo por el escenario para atrás y para delante).* ¿Por qué no contestáis? ¡Mayordomo, criado! Que los diablos os lleven. ¿Estáis todos sordos? Pero Antonia, Antonia, ¿qué tienes en la casa para la comitiva?

ANTONIA Una lista de platos muy amplia, de veras. Nada en absoluto.

BERNARDO ¡Pícara! ¿Lo dices en serio?

ANTONIA Quiero decir, nada que yo les pudiera preparar, nada más que un poco de vaca fría.

BERNARDO ¿Y no tienes unos huevos con tocino?

ANTONIA Sí, pero eso no es digno de señores.

BERNARDO ¿No lo es? Por Dios, pueden ir más lejos y comer peor. Hazme caso y diles que tenemos todo lo que les apetezca.

ANTONIA ¿Cómo, cuando solo hay dos cosas en la casa que ofrecer?

BERNARDO Claro que sí, ingenua. ¿Y qué?, ¿no lo hacemos siempre así? ¡Hola, mayordomo, criado! ¿Dónde estáis todos?

MAYORDOMO Y CRIADO *(Entre bastidores)*. Aquí, señor. Ahora vamos, señor, ya vamos.

ESCENA SEGUNDA
———

Entran el MAYORDOMO *y el* CRIADO.

BERNARDO ¿Por qué no habéis venido antes, granujas?

CRIADO La comitiva acaba de entrar

BERNARDO Id corriendo, entonces. Recibidlos a la puerta.

CRIADO Sí, señor. *(Sale)*.

BERNARDO Corre, vuela, mayordomo.

MAYORDOMO Sí, señor. Sí, señor.

BERNARDO Ven, Antonia. Sal conmigo a recibir a la comitiva.

Salen.

ESCENA TERCERA
———

Entran DON QUIJOTE, CARDENIO, FRANCISCO, DOROTEA, ANTONIA, BERNARDO.

DON QUIJOTE Bienvenida, bella princesa, a este castillo. *(A* DOROTEA)*. Pues debe saber, señor alcaide *(a* BERNARDO)*, que la ilustre princesa Micomicona se digna visitarlo. No hace falta decirle que la aloje en su aposento principal, ni que le muestre todas las señales de honor que corresponden a su dignidad. En cuanto a mí, insisto en que me prepare una cama mejor que la que su hospitalidad me proporcionó en la última ocasión.

ANTONIA Páguenos mejor que entonces y tendrá una cama como para un príncipe.

DON QUIJOTE Señora, si es insensible al honor de recibir a una ilustre princesa y a un caballero andante, su mezquino espíritu se sentirá plenamente satisfecho.

FRANCISCO Sería mejor que el noble don Quijote, después de las innumerables fatigas a las que está sujeta la difícil y esforzada profesión de las armas, se retirase para un poco de reposo hasta la hora de la cena.

DON QUIJOTE Pocas veces presto atención a las importunidades de la naturaleza, pero ahora actuaré conforme a sus consejos.

BERNARDO Antonia, acompaña al caballero a un aposento.

Salen DON QUIJOTE *y* ANTONIA.

FRANCISCO Bernardo, no mencionaré los pormenores, pero proporciónenos el mejor trato posible.

BERNARDO Tendrán todo tal como deseen.

CARDENIO Señor, le he observado estrechamente, y la locura de su amigo, don Quijote, me parece la más ridícula e inexplicable de todas las que recuerdo haber encontrado. *(A* DOROTEA*)*. ¿Qué piensa de ella, señora?

DOROTEA Es de veras muy extraña. Pobre señor. Si puedo servir de instrumento para llevarle a casa, me dará una gran satisfacción.

FRANCISCO Por extraña que sea, y en esto insisto, se originó nada más que por la lectura de libros de caballerías.

BERNARDO Señor, no puede convencerme de su opinión, porque yo creo que se trata de la más agradable lectura que jamás ha habido. Tengo algunos libros de ese tipo que realmente a mí y a muchos otros nos han dado la vida. Podría sentarme y escucharlos de la mañana a la noche. Los caballeros cuyas hazañas relatan deben de haber sido hombres de gran valentía.

FRANCISCO Pero vos no imaginaréis, amigo, que hubiera jamás tales personas como las que mencionan los libros de caballerías.

BERNARDO ¿No lo piensa así? Pues claro que lo creo.

FRANCISCO No son más que quimeras y ficciones de ingenios ociosos y exuberantes.

BERNARDO Señor, a otro perro con ese hueso. Sé muy bien lo que pasa en el mundo, tanto como el que más, y pájaro viejo no entra en la jaula. Qué divertida broma, a fe, que pretenda convencerme ahora de que estos notables libros son mentiras y cuentos. Pues, señor, ¿no están impresos?, ¿no están publicados en regla?, ¿con licencia autorizada por el Real Consejo?

FRANCISCO Ya le he dicho, amigo, que son ficciones. En cuanto a que lleven licencia, es para nuestra diversión, como el juego de pelota, el billar y otras recreaciones.

DOROTEA *(Aparte).* Creo que nuestro anfitrión parece capaz de hacer el segundo papel de don Quijote.

CARDENIO *(Aparte).* Eso pienso yo también.

FRANCISCO Tampoco podrían las autoridades prever este inconveniente de tales libros en el que insistís, puesto que no podrían suponer que cualquier persona racional creyera sus disparates. Deseo, honrado amigo, que nunca lleguéis a cojear del mismo pie que vuestro huésped, don Quijote.

BERNARDO No hay por qué temer eso. No pienso volverme caballero andante, porque encuentro que las costumbres que sustentaban esa noble orden ya se han perdido. Ah, vaya, más huéspedes, una alegre y brava tropa, a fe mía.

CARDENIO ¿Qué son?

BERNARDO Dos criados van corriendo por delante y acaban de entrar al patio. Y a alguna distancia veo cuatro hombres montados a caballo, con antifaces negros, y una señora vestida toda de blanco que va sola y enmascarada.

CARDENIO Tan extraordinario es que saldré para observarlos. *(Sale).*

*DOROTEA se cubre con un velo. Entran
los criados de a pie.*

FRANCISCO Os lo ruego, ¿podéis decirnos quiénes son vuestros amos?

PRIMER CRIADO En verdad, señor, no sabríamos decirle tanto. Parecen ser de una condición nada común, sobre todo aquel caballero a quien ve a punto de ayudarle a apearse a la señora. Pues los demás le prestan gran respeto y su palabra es ley.

FRANCISCO ¿Y sabéis quién es la señora?

SEGUNDO CRIADO De ella no sabemos más que de los otros. En todo este tiempo nunca pudimos verle la cara, y es imposible que la conozcamos a ella, o a ellos, de otra forma.

FRANCISCO ¿Cómo es eso?

PRIMER CRIADO Nos recogieron ayer en el camino y nos persuadieron para que estuviéramos a su servicio en su viaje hasta Andalucía, prometiendo pagarnos bien por nuestras molestias.

FRANCISCO ¿No les oísteis nombrarse en todo este tiempo?

PRIMER CRIADO No les oímos hablar ni una palabra en todo el camino. La pobre señora, de hecho, suspiraba y se afligía de forma tan lastimera que estamos persuadidos de que no le hace ninguna gracia este viaje. No sabemos cuál puede ser el motivo. Por su vestimenta parece monja, pero por su dolor y melancolía se podría adivinar que van a obligarla a que lo sea, cuando tal vez no tenga de monja ni pizca, la pobrecilla.

FRANCISCO Todo podría ser. Pero aquí vienen.

CUARTA ESCENA

Entra DON FERNANDO llevando de la mano a LEONORA.

DON FERNANDO Como no es probable que aquí nos conozcan, podéis quitaros la máscara. *(LEONORA se quita la máscara).* Al ser esta la única habitación de la casa digna para nuestro recibimiento, tenemos que rogarle que nos permita formar parte de vuestra compañía, señora.

DOROTEA Tendremos muy en cuenta el honor, señor. *(Ahora DON FERNANDO se desenmascara y se desmaya DOROTEA, cayéndose en brazos de FRANCISCO.)* ¡Ay!

FRANCISCO Corre a por agua, Bernardo, y trae a Antonia.

Sale BERNARDO.

DON FERNANDO ¿Qué significa esto?

FRANCISCO La dama, señor, está indispuesta.

DON FERNANDO ¿Pero por qué esta enfermedad repentina?

LEONORA Tu cara, infame, te delata. Me temo que sepas la causa.

Entran BERNARDO y ANTONIA trayendo agua. Quitado el velo de DOROTEA, la reconoce DON FERNANDO, lo que le produce una gran turbación.

DON FERNANDO ¡Cielos! ¿Qué veo? ¡Es la hermosa Dorotea! Demasiado cierto es. ¡Soy yo la causa!

LEONORA ¡Vil burlador! ¿Has arruinado, entonces, esta obra maestra de la naturaleza? Ahora estoy segura de que los cielos se han interpuesto.

FRANCISCO Ya se recupera la dama. Bernardo y Antonia, podéis retiraros.

Salen BERNARDO y ANTONIA.

DOROTEA ¿Qué veo? ¿Es este don Fernando? ¿O es que me engañan mis sentidos?

SANCHO *(Entra).* Mi amo está loco como una cabra.

FRANCISCO Sancho, guarda silencio.

DOROTEA Señor mío, si esa hermosa figura no ha deslumbrado sus ojos, podrá ver a sus pies la antaño feliz pero ahora desgraciada Dorotea. Yo soy la pobre y humilde aldeana a quien tu generosa liberalidad —no me atrevo a decir tu amor— se dignó levantar al honor de llamarla suya. Yo soy aquella que, confinada en una tranquila inocencia, llevaba una vida contenta hasta que tu muestra de honor y tus palabras engañosas me sacaron cautivada de aquel refugio.

DON FERNANDO *(Fijando los ojos por algún tiempo en DOROTEA).* Tú me has vencido, encantadora Dorotea, tú me has vencido. *(Corriendo hacia ella).* Levántate, señora, levántate. No es justo que esté postrada a mis pies quien triunfa sobre mi alma. *(Se abrazan).* Si hasta ahora no te he rendido el respeto que debía, tal vez es que ha sido dispuesto así por los cielos para que, habiendo recibido de este modo certeza más firme de tu constancia y bondad, pueda tener tu mérito aún en mayor estima de aquí en adelante. Que las futuras deferencias y servicios que te he de rendir aboguen por el perdón de mis pasadas faltas.

SANCHO ¡Ay, ay! ¡Esto sí que es un embrollo! *(Sale)*.

Entra CARDENIO *corriendo y tomando
a* LEONORA *en brazos.*

CARDENIO ¡Gracias, clementes cielos! ¡Mi amada, mi fiel esposa! Tus pesares ahora han llegado a su fin. ¿Dónde puedes descansar más segura que entre mis brazos, los que ahora te sostienen como una vez hicieran cuando mi buena ventura por primera vez te hizo mía?

LEONORA ¿Puedo creer mis ojos? Sí, eres tú. ¡Eres mi señor, en verdad! Eres tú mismo, el justo dueño de esta pobre y atormentada cautiva. Ahora, Fortuna, maltrátame cuanto quieras, porque ni los temores ni las amenazas me separarán jamás del único sostén y bien de mi vida.

CARDENIO Sin duda, los cielos han decretado este inesperado encuentro para mostrarnos que la felicidad puede estar al alcance cuando menos esperanzas tenemos.

DON FERNANDO *(Desenvaina la espada y, acercándose a* CARDENIO, *se la presenta).* He aquí un hombre indigno del sagrado nombre de amigo. Toma esta espada y húndela en el pecho de quien es demasiado vil para vivir.

CARDENIO *(Tirando la espada).* Guardas aún un leve parecido al hombre que eras.

DON FERNANDO ¿Y puedes entonces olvidar el daño que te hice? ¿Tienes un alma tan grande como para perdonar?

CARDENIO Me has devuelto la joya de mi corazón. Puedo perdonarte.

Don Fernando Entonces no existe quien pueda igualarse a ti en la tierra. Pero, dime, puedes perdonar hasta el punto de devolverme al lugar en tu estima que alguna vez tuve? ¡Ay de mí! Me temo indigno de eso. Perdonadme, señoras. He aquí a un hombre a quien he lastimado, más que a vosotras. *(Llora)*.

Cardenio ¿Qué dice mi Leonora? ¿No puedo esperar que aún sea él un amigo?

Leonora Mirad, llora, se arrepiente de su vileza, y no será indigno de vuestro afecto.

Don Fernando ¿Puede Leonora condescender a defender mi causa?

Cardenio Sí, lo ha hecho, y con tanta elocuencia que nada puede negársele. Ven, entonces, amigo mío, mi Fernando, abrázame. *(Se abrazan)*. Reconciliémonos ahora con los indisolubles vínculos de la amistad.

Don Fernando Jamás hubo hombre tan vil como yo.

Cardenio No lo menciones más. Seremos perfectos amigos.

Don Fernando Pero seguramente Leonora no podrá perdonar.

Dorotea Aquella que defendió tu causa con seguridad te ha de perdonar.

Leonora El gran ejemplo de mi esposo perdido desde hace mucho tiempo es tan notorio y poderoso que, si las heridas que he recibido de ti fueran infinitamente mayores de lo que han sido, las borraría de mi memoria.

Don Fernando Oh, señora, si hubieras sabido las tentaciones que sufrí para hacerme culpable de una ingratitud tan vil, entonces habrías tenido motivo para disculparme. Pero ese dato le será siempre ocultado a tu conocimiento, a no ser que yo te informe.

LEONORA Te ruego, señor, que te expliques.

DON FERNANDO Las tentaciones, señora, quiero decir, son tu singular belleza y los sorprendentes méritos de tu espíritu, que harán de Cardenio el más feliz de los hombres, que admiran todos los hombres que los perciben y que no se esconden de nadie más que de ti misma.

LEONORA Tu opinión de mi escaso mérito es con mucho demasiado elevada.

DON FERNANDO Oh, Cardenio, solo tú eres digno de una mujer tan admirable. Solo tú le puedes dar la felicidad.

CARDENIO Que tú en tu afecto iguales el amor de la hermosa Dorotea, y entonces no habrá en la tierra una pareja más bienaventurada que la vuestra.

DON FERNANDO Su amor y fidelidad sin par no merezco todavía, pero me esforzaré por ser digno de ellos.

DOROTEA Oh, mi señor, me abrumas con tu bondad. Esto recompensa con creces todos mis sufrimientos.

LEONORA *(A DOROTEA).* ¡Que seas tan feliz como mereces!

DON FERNANDO Eso será más, me temo, de lo feliz que yo puedo hacerla.

FRANCISCO Mucho tiempo hace que me pregunto cómo esta señora *(señalando a LEONORA)* viene vestida de monja. Si no interrumpo su felicidad (en la que le aseguro que he estado colaborando durante algún tiempo) le estaría muy agradecido, señor, si me informase respecto a esta circunstancia.

DON FERNANDO Oh, Dorotea, tienes mucho que contar de lo que sufriste desde que huiste de casa. Pero esto será materia de nuestra futura conversación. Y en cuanto a esa preciosa mujer, señor *(a FRANCISCO),* el atuendo que lleva es el de un convento, en el que mi vileza le obligó a tomar refugio.

Allí fui con unos amigos, y al encontrarla caminando en el claustro me la llevé por la fuerza. Han pasado tres días desde ese suceso, y hasta ahora no ha habido lugar para que se cambie de hábito.

FRANCISCO Estoy satisfecho, señor, y no puedo menos que sacar en limpio que este encuentro sorprendente e inesperado ha sido algo más que fortuito.

DON FERNANDO Comparto enteramente su opinión. Ahora, a cambio, le tengo que pedir que explique una cosa que me parece totalmente incomprensible. Ocurrió no hace mucho, cuando, sintiéndome abrumado por mi propia vileza y el afecto sin par de la linda Dorotea, se me llenó la imaginación de un horror indecible, dejándola incapaz de albergar pensamiento alguno. Llegó, si no me equivoco, alguien de un aspecto grotesco, afirmando que su amo estaba loco, al que le ordenó usted al instante que guardara silencio.

FRANCISCO Así lo hice.

DON FERNANDO ¿Y poco después salió él?

FRANCISCO Observé que salió.

DON FERNANDO Entonces, señor, este es el fenómeno que quiero que se me explique.

FRANCISCO Ese a quien vio es el escudero de un digno hidalgo, amigo y vecino mío, quien por una especie ridícula e inexplicable de locura se llama caballero andante y está totalmente resuelto a resucitar esa antigua orden.

DON FERNANDO ¡Muy extraño, en efecto!

FRANCISCO Además, señor, estoy enteramente convencido de que esta locura surge únicamente de la lectura de libros de caballerías, de los cuales tiene más de trescientos volúmenes en su biblioteca. Ahora debe vuesa merced saber que salí con un amigo mío, con el plan de traerle a casa, con el pretexto de alguna aventura, donde por el cuidado de sus sirvientes se le pueda impedir volver a salir en el futuro. Esta dama *(señalando a* DOROTEA*)* nos ha hecho el gran favor de ayudarnos en la realización de nuestro proyecto, asumiendo el título de princesa de Micomicón, venida desde el Oriente a rogarle que vaya y tome venganza de los daños recibidos de un gigante que ha usurpado sus dominios.

DON FERNANDO ¡Admirable! ¿Y está el caballero en la casa?

FRANCISCO Está, y me atrevo a decir que no pasará mucho tiempo antes de que lo vea. Pero siento recelo de que el cambio de fortuna de Dorotea nos frustre el proyecto.

DON FERNANDO No, no. Será mejor que Dorotea le siga la corriente todavía, si la morada de este señor no está muy lejos.

FRANCISCO A solo dos jornadas.

DON FERNANDO Cabalgaría dos veces esa distancia por el placer de una obra tan buena y caritativa.

ÚLTIMA ESCENA

Entran DON QUIJOTE, SANCHO *y* BERNARDO.

DON QUIJOTE Me informa este mi escudero, hermosa señora, que su grandeza está aniquilada y su majestad reducida a nada, puesto que de una reina y poderosa princesa, como antes era, se ha vuelto una doncella particular.

DOROTEA ¡Señor!

DON QUIJOTE Si alguna orden expresa del rey nigromántico su padre (dudando de la habilidad y éxito de mi brazo al restaurarla) ha ocasionado este cambio, debo decirle que no es un mago en estos asuntos y que no conoce ni la mitad de su oficio, ni está adiestrado en las vueltas de la caballería andante.

DOROTEA Tal lenguaje, tan inesperado de una persona de su rango y ocupación y dirigido a una pobre mujer débil e indefensa, me aflige en gran medida.

DON QUIJOTE De lo dicho sobre su padre no retiro ni una sola palabra. Porque si fuera versado en el estudio de la caballería andante, como yo, podría haber averiguado que en todas las épocas paladines de menos renombre que don Quijote de la Mancha han llevado a cabo aventuras más deses-peradas, puesto que la matanza de un despreciable gigante, por arrogante que sea, no es un logro tan grande. Yo mismo acabo de encontrar a uno. El éxito no lo mencionaré, para que la incredulidad de algunas personas no desconfíe de la realidad. Pero el tiempo, descubridor de todas las cosas, lo revelará cuando menos se espere.

BERNARDO ¡Alto ahí! Fue con dos odres, no con ningún gigante, con quien peleó.

DON FERNANDO No interrumpas al señor don Quijote de nin-guna forma.

DON QUIJOTE Para concluir, altísima y desheredada señora, si su padre, por los motivos ya mencionados, ha causado esta metamorfosis en su persona, no se lo crea, puesto que no hay peligro en la tierra por el que mi espada no abra camino, y yo le aseguro que dentro de unos pocos días, por la caída de la cabeza de sus enemigos, mi espada colocará en la suya la corona que es por ley su herencia.

DOROTEA Quienquiera que le haya informado, valeroso Caba-llero de la Triste Figura, de que yo hubiera alterado o cam-biado mi condición le ha engañado, ya que soy exactamente la misma hoy que era ayer. Es cierto que unos accidentes inesperados aunque afortunados han variado algunas circunstancias de mi fortuna, muy a mi ventaja y mucho más allá de mis esperanzas, pero ni he quedado cambiada en mi persona ni alterada en mi resolución de emplear la fuerza de su formidable e invencible brazo a mi favor. Por lo tanto, apelo a su acostumbrada generosidad para que retire esas palabras dichas al deshonor de mi padre, y crea que estos medios tan fáciles como infalibles para reparar mis males, meros efectos de su sabiduría y comportamiento, como la buena fortuna que disfruto ahora, han sido la consecuencia de las sorprendentes hazañas de vuesa merced, como puede dar testimonio esta noble presencia. Nada nos puede impedir, entonces, el partir mañana por la mañana, fiando para lograr una conclusión feliz y afortunada en la voluntad de los cielos y el poder de su valentía sin par.

DON QUIJOTE Ahora te tengo que decir, pobre, despreciable y justamente avergonzado, que eres el peor tunante de toda España. Dime, pícaro, bribón, ¿no me informaste hace poco que esta princesa se había convertido en una doncella particular, llamada Dorotea, además de que la cabeza que corté de los hombros del gigante era la puta tu madre, con mil ridiculeces más? Ahora, por todos los poderes de los cielos, me dan ganas de usarte de modo que sirvas de escarnio a los futuros escuderos que se atrevan a contarle a un caballero andante una mentira.

SANCHO Vuesa merced tenga paciencia, le ruego. Puede que me haya equivocado, o algo por el estilo, sobre lo tocante a mi señora la princesa de Micomicón. Pero que la cabeza del gigante se cayera de los hombros de los pellejos de vino, lo juraré sobre la Biblia. Cuerpo de tal, señor, ¿no están los pellejos todos tajados y acuchillados ahí dentro a la cabecera de su cama, y todo el vino formando un charco en el aposento de vuesa merced? Pero pronto se adivina la carne por la salsa. En manos está el pandero que le sabrán bien tañer, mi amo, y si aquí mi mesonero no lo reclama a costa de vuesa merced, es un hombre muy honrado y cortés, y no digo más.

DON QUIJOTE Sancho, te pronuncio *non compos*.[10] Por lo tanto, te perdono y así concluyo.

DON FERNANDO Es suficiente. En cumplimiento de las órdenes de la princesa, esta noche recuperaremos las fuerzas y mañana todos partiremos para asistir al señor don Quijote en prosecución de esta importante empresa asumida por él, impacientes todos por ser testigos presenciales de su tan celebrada y sin igual valentía.

DON QUIJOTE Me sentiré orgulloso del honor de servir y atenderte, mi buen señor, considerándome infinitamente obligado por el favor y buena opinión de una compañía tan honrada, opinión que intentaré mejorar y confirmar, aunque sea a costa de la última gota de mi sangre.

Salen todos.

FIN

---

[10] *Non compos mentis,* 'no en posesión de una mente cuerda'.

Epílogo

Dicho por LEONORA.

¡En la vida qué raras vicisitudes se experimentan!
Nos congelamos de frío o nos derretimos de calor.
La vida es un juego. Compárenla, si quieren,
con el tresillo, el juego de los cientos, whist o cascarela.[11]
Nuestros naipes se han barajado, cortado y repartido.
Todos desean que los suyos sean los mejores, sin duda.
A veces nuestras manos con figuras abundan,
pero a su turno llega la chusma de la baraja.[12]
A veces nos atrevemos a jugar solos,
el provecho y el honor son todos nuestros.
En otras amablemente nos dignamos,
por tener una mano débil, a llamar a una amiga.[13]
A veces los triunfos con gran regularidad mezclamos,[14]
y lo que perdemos por honores ganamos por bazas.[15]

---

[11] Juegos de naipes, relacionados con el bridge, populares en Gran Bretaña en el siglo XVIII. El *whist* era el juego favorito de David Hume, según refería Adam Smith (Radmusen 2018: 298).

[12] La chusma de la baraja, es decir, la cartas numeradas, y no las que muestran una figura y valen más.

[13] En el *whist*, por ejemplo, se juega entre cuatro personas repartidas en dos parejas. Según la fuerza relativa de las manos de los dos socios, cada uno decide hasta qué punto va a tomar la iniciativa o en cambio seguirle la salida al otro.

[14] O sea, tenemos en la mano triunfos de varios rangos, los que pueden ganar la mano a pesar de no ser cartas de figura.

[15] Según las reglas, el jugador que es *mano* puede jugar carta del palo que quiera, hasta el de triunfos. Los jugadores que siguen tienen que jugar cartas del mismo palo si tienen al menos una. El jugador que juegue la carta más alta del palo recoge la baza, siempre que nadie haya jugado un triunfo, situación en la que el triunfo más alto la toma. Los honores son los cuatro triunfos más altos, o sea, las cartas de figura y el as. Una pareja que tenga en la mano entre los dos todos los cuatro honores marcan cuatro puntos extras, los que reclaman al fin de la jugada. Ganar *por bazas* se lleva a cabo tomando muchas de estas, sin aprovecharse de los puntos adicionales. Whitchurch parece jugar en la palabra «honores», que aquí asume un segundo significado

En otros trances apenas vemos el as de espadas
o el as de bastos en una hora, ¡una píldora amarga!
El mazo se va acabando, nada hemos sacado,
no podemos rescatar nuestra apuesta,[16]
cuando la fortuna sonríe y anima al espíritu decaído
dándole las ganancias de un *san-prendre vole*.[17]
Tal era mi caso: perdí al adorado de mi corazón
y (como yo creía) fui sacada a palos de la mesa.[18]
Cuando, privada de mi hombre predilecto,
sumida en la desesperación, tracé un plan desesperado.
Señoras, estaba decidida a tomar el velo.
Pensarlo me da escalofríos, mis mejillas palidecen.
Me había resuelto enterrar en una celda
este talle, esta cara, *si degagè, si belle*,[19]
pero mi sino me reservaba un destino más feliz.
Este plan melancólico será olvidado.
El destino me ha devuelto a mi tanto tiempo perdido señor.
No puedo, entonces, con las monjas mantener mi palabra.

---

de un rango aristocrático en la sociedad, y como también en «ganar por bazas», frase usada con la connotación de vencer en maña (*tricks*, tanto 'engaños' como 'bazas') a los enemigos, o en general emplear la inteligencia para salvar los obstáculos sin que importe el rango social.

[16] La apuesta inicial del juego. Hay un capítulo entero en la novela *David Simple* de Sarah Fielding enfocado en la moda, inmensamente popular, de grandes fiestas de juego de dinero, sobre todo del *whist*: «Which is writ only with a View to instruct our Readers, that Whist is a Game very much in Fashion» («Escrito solo con la intención de instruir a nuestros lectores, que el *whist* es un juego muy de moda», II, 1). Se sigue jugando al *whist* en Gran Bretaña, muchas veces en torneos locales llamados *whist drives*.

[17] En francés, *vole* significa 'ganar todas las bazas en ciertos juegos de cartas', y *sans prendre*, 'sin tomar cartas del mazo'.

[18] Juego de palabras intraducible con *basted* ('que recibe una paliza') y el as de bastos.

[19] En francés, 'tan claro, tan bella'.

Don Quijote, comedia se preparó
para su publicación en el estudio de
Pandiella y Ocio (Oviedo, España)
y se compuso con las tipografías
Minion Pro (Adobe) en la tripa
y Kiperman (Harbor Type)
en la cubierta.